EL DISEÑO DEL PADRE PARA BENDECIRTE

MARY LOZANO- RENGIFO

EL DISEÑO DEL PADRE
PARA BENDECIRTE
PROSPERARTE
PERDONARTE
SOSTENERTE
ENSEÑARTE
CONOCERTE
LLAMARTE
LIBERARTE
SALVARTE
CUIDARTE
SANARTE
GUIARTE
AMARTE

AGRADECIMIENTOS

Primordialmente quiero darle no solamente mis agradecimientos sino también toda la Gloria a Dios – Padre, Hijo y Espíritu Santo, porque con toda certeza el material contenido en este libro es completamente fruto de todo lo que por su bondad y misericordia ha sido impartido sobre mí.

Este material surge de mis experiencias con el Padre en mis momentos a solas cuando busco separarme de todos los afanes para conocerlo más. También son la respuesta a mis oraciones clamando por lo que debía escribir y buscando lo que Él tiene para edificar a su Pueblo Amado.

Gracias a mi esposo, Luis Rengifo, por su paciencia durante los muchos días que tuve que separarme para escribir, por las muchas veces que compartí mis escrituras con él inquiriendo por su sabiduría y excelentes aportes, correcciones e ideas.

Con el mismo énfasis, le doy gracias al Apóstol Guillermo Maldonado y a la Profeta Ana Maldonado porque fueron útiles en la edificación de nuestra vida. Cuando nos conocieron estábamos desbaratados y sin dirección o propósito y por la impartición de su bondad sobre nuestras vidas ya no somos vasijas quebrantadas sino útiles en las manos de Dios. Así mismo le agradezco a nuestros mentores, Apóstol Tommy y Profeta Sarahi Acosta quienes durante 20 años nos han acompañado en esta trayectoria.

Finalmente, le doy gracias a mi familia – hijas, nietas, hermanos y amigos que han dejado huellas en mi corazón y de muchas maneras marcas en mí que contribuyen a quien soy hoy.

Tabla de Contenido:

Introducción

Moisés fue un profeta y varón de Dios, con quien fácilmente nos podemos relacionar. Prácticamente todo el mundo conoce cómo Dios se valió de él para sacar el pueblo de Israel de la opresión a la que el faraón de Egipto los sometía. Moisés, guiado por Dios, fue un hombre útil en sus manos. Dios le contaba sus planes y le daba instrucciones de cómo debía ejecutaros; le permitió permanecer en la montaña, junto a Él, durante cuarenta días; le entregó las Tablas de la Ley, las que conocemos como los Diez Mandamientos. Tuvo el profeta una relación tan cercana con Dios, que el Creador le llamó Su amigo y así se hablaban:

La Promesa de la Presencia de Dios

Éxodo 33:12-19
Nueva Versión Internacional (NVI)

La Gloria del Señor

"Moisés le dijo al Señor:
- Tú insistes en que yo debo guiar a este pueblo, pero no me has dicho a quién enviarás conmigo. También me has dicho que soy tu amigo y que cuento con tu favor. Pues si realmente es así, dime

qué quieres que haga. Así sabré que en verdad cuento con tu favor.
- Ten presente que los israelitas son tu pueblo. Yo mismo iré contigo y te daré descanso —respondió el SEÑOR.
- O vas con todos nosotros —replicó Moisés-, o mejor no nos hagas salir de aquí. Si no vienes con nosotros, ¿cómo vamos a saber, tu pueblo y yo, que contamos con tu favor? ¿En qué seríamos diferentes de los demás pueblos de la tierra?
- Está bien, haré lo que me pides —le dijo el SEÑOR a Moisés-, pues cuentas con mi favor y te considero mi amigo.
- Déjame verte en todo tu esplendor —insistió Moisés.
Y el SEÑOR le respondió:
- Voy a darte pruebas de mi bondad, y te daré a conocer mi nombre. Y verás que tengo clemencia de quien quiero tenerla, y soy compasivo con quien quiero serlo".*

Yo no lo conocía íntimamente, pero sabía que Dios existía desde mi temprana edad. Inicié una relación con Él a los cuarenta y seis años de edad y desde entonces procuro mantenerme cerca, porque ahora entiendo que no solamente es mi Padre Celestial sino también mi amigo. He podido conocer Su paternidad, he experimentado su Presencia manifiesta y Su poder transformador. Ninguna gloria presente o pasada sin Dios se puede comparar con la gloria que se vive por Dios, con Dios y para Dios, nada.

Mi propósito principal al escribir este libro es pregonar al mundo acerca de mis experiencias con el Magnífico Dios que cambió mi vida y mi destino. Anhelo plasmar aquí en este texto cómo una persona, por su Fe, puede desarrollar confianza en el Invisible y entender que, aunque no lo vemos, este poderoso Creador se presenta constantemente en nuestras vidas y, a través de ellas en las de otros. Que es un Dios que capacita, sana, transforma, levanta al caído y posiciona a sus hijos en niveles de poder y autoridad. Lo hace primeramente para darnos identidad, para sanar nuestras heridas, para darnos paz interior, confianza en nosotros mismos y un futuro lleno de esperanza. Confío que, como a Moisés, también a mí me acompañe El Señor en esta trayectoria y que no solamente guíe mis pensamientos sino también la pluma que puso en mi mano, como lo aseguró por medio de Su Voz Profética.

Colosenses 1:15

*"Él es la imagen del Dios invisible,
el primogénito de toda creación"*.

Profeso gran sentido de agradecimiento hacia mi Creador, por haberme rescatado cuando de manera irremediable, en apariencia, me sumía en la tristeza y la desesperación. Le doy gracias por restaurar todo lo que en mi vida estaba perdido. Dios establece para nuestras vidas la medida de Fe que rompe con nuestros propios límites mentales. Él asigna tareas que no precisamente estamos pre-parados para ejecutar, y lo hace porque es Él quien equipa. Con esa confianza, mi oración es que cada palabra aquí escrita salga del corazón del Padre y yo sea solamente el canal por medio del cual Él le hable al corazón de los lectores. Que estas enseñanzas le ayuden a desarrollar anhelo por entender Sus diseños y conocer Su voluntad, la cual es Buena, Agradable y Perfecta, tal y como se evidencia en toda la Creación.

Las Escrituras dicen que Dios Padre caminó muy de cerca con Moisés, cuando lo envió a sacar al pueblo de Israel de la esclavitud en la que los egipcios lo tenían sometido. Conocemos que muchas veces le mostró a este pueblo su Gloria y les confirmó su presencia por medio de milagros y señales continuas. En el desierto, Él iba delante de ellos. De día como una columna de nube para guiarlos por el camino y de noche como una columna de fuego para alumbrarlos, a fin de que pudieran avanzar de día y de noche. Todas sus obras y manifestaciones estaban diseñadas para hacerlos entender que Él estaba con ellos y que mientras esto fuera así, no les iba a faltar nada.

Su primer milagro en el desierto fue tornar aguas amargas en aguas dulces para que su pueblo bebiera, porque tenía sed. Éste y todos Sus milagros tenían como finalidad que el hombre conociera no solamente cuánto lo ama, sino mostrarle que Él es Todopoderoso y que, si tenemos Fe, también podremos gozar de todas sus Bendiciones hoy y ahora. Dios Padre anhela que experimentemos todas las Bendiciones, que con certeza nos quiere otorgar, si tan solo decidimos creer.

Finalmente, escribo este libro para testificar acerca de la restauración que he vivido y de lo que he experimentado. Hoy disfruto de total paz, gozo, bendición y prosperidad –salud, sentido de dirección y propósito-. Lo mismo ha preparado Dios para los que confían en Él y le permiten obrar en sus vidas. Yo puedo decir con certeza que he visto La Gloria de Dios manifestarse sobre mí.

¿Qué es La Gloria de Dios?

En el libro de Ezequiel aprendemos que este es el concepto de una señal visible de la presencia de Dios. La *gloria* es una manifestación externa de una realidad interna.

Ezequiel 43: 2

"He aquí la gloria de Dios de Israel, que venía del oriente;
y su sonido era como el sonido de muchas aguas,
y la tierra resplandecía a causa de su gloria".

El Apóstol Guillermo Maldonado (mi pastor por muchos años) además de haber fundado el "Ministerio El Rey Jesús" y la "Red Apostólica Vino Nuevo", ha dirigido el ministerio multicultural de mayor crecimiento en los Estados Unidos durante más de veinte años. Un ministerio reconocido por ser testigo de las mani-festaciones visibles del poder supernatural de Dios. En este lugar hemos experimentado frecuentemente la *gloria* de Dios y en su libro, titulado de la misma manera, se refiere así:

La Gloria de Dios es la esencia de todo lo que Dios es.

"Cuando entramos en la Gloria de Dios, habitamos en su presencia, recibimos su amor y gracia, entendemos su corazón, conocemos su voluntad y experimentamos su poder divino."

Apóstol Guillermo Maldonado
La Gloria de Dios

Capítulo 1

Primero Creó la Atmósfera
Jeremías 32:17 (NVI)

"¡Ah, SEÑOR mi Dios! Tú, con tu gran fuerza
y tu brazo poderoso, has hecho los cielos y la tierra.
Para ti no hay nada imposible".

El Justo por la fe vivirá, dijo el profeta Habacuc, en el versículo 4, del segundo capítulo de su libro en La Biblia. Justo es todo aquel que tiene una posición correcta delante de Dios y que vive conforme a la justicia de Dios. Es justo todo aquel que decide creer en Dios y creerle a Dios —esto es, a su Palabra, la cual está plasmada en Las Sagradas Escrituras y, después de conocerla, obedecerla.

La Biblia es un libro inspirado por Dios, escrito en un periodo de aproximadamente mil seiscientos años, por diversos hombres de diferentes épocas, distintas condiciones sociales y muy disímiles profesiones. Sin embargo, a pesar de los variados orígenes de los autores de cada libro, los mismos principios se enseñan en la totalidad de La Biblia y en ningún versículo se contradice. Las Escrituras, como también se les conoce, contienen profecías que, aunque fueron escritas con muchos años de anterioridad, se han cumplido en su tiempo. En dicho libro se han plasmado más de diez mil promesas, que se van a manifestar en nuestras vidas sin que tengamos que hacer nada para recibirlas solo por la fe y la obediencia. Allí se nos ha prometido, por ejemplo, que el Señor nos ama incondicionalmente y que nada nos separará del Su amor. Lo único lastimoso de esta circunstancia es que muchos no pueden entender que Él nos ame tanto.

Desde el primer libro hasta el último, La Biblia tiene como tema central el propósito de Dios con el hombre y su amor incondicional y eterno hacia él. Es un instructivo de vida donde se nos enseña cómo, por qué y para qué creó la Tierra y posteriormente al hombre.

Leyendo sus sesenta y seis libros, aprendemos acerca de las responsabilidades y los derechos que tenemos para con el Creador y la Creación; pero sobre todo nos enseña acerca del amor de Dios.

El amor condicionado y temporal que el hombre conoce, vive y ofrece está basado en emociones y sentimientos que cambian de un día para otro. En cambio el amor *Ágape,* difiere drásticamente contrastado con el amor del hombre, porque es el amor de Dios, representado en Dios mismo, ya que DIOS ES AMOR. Su amor to-do lo perdona, todo lo cree, todo lo sufre, todo lo soporta, es incon-dicional, es eterno y los hombres no lo podemos comprender.

De las Sagradas Escrituras aprendemos acerca del amor de Dios por la humanidad en su totalidad, y cuánto ama Dios Padre a cada ser humano de forma íntima y personal *–pues aun vuestros cabellos están contados* (Mateo 10:30). El Padre esta tan cerca de nosotros, que conoce y entiende lo que pensamos, lo que sentimos, lo que necesitamos para ser felices, prósperos y saludables interna y externamente. También nos enseña y nos muestra lo que debemos evitar si deseamos permanecer así. Nos insta a amar a nuestro pró-jimo como a nosotros mismos. Las relaciones sanas son tan impor-tantes para el Padre, que Jesús abroga los Diez Mandamientos para resumirlos en dos:

Lucas 10:27

*"Amarás al Señor, tu Dios, con todo tu corazón,
y con toda tu alma y con todas tus fuerzas,
y con toda tu mente;
y a tu prójimo como a ti mismo".*

Concretamente, del libro de Génesis aprendimos acerca de la Creación y de Dios como el Creador de los Cielos y la Tierra. Sabemos, por el primer capítulo de Génesis, que por un tiempo… "La Tierra estaba desordenada y vacía". Para llevar a cabo su plan, en siete días Dios estableció orden donde había desorden y caos. Para empezar, separó las tinieblas de la luz y declaró que hubiera luz. Llamó día a la luz y noche a las tinieblas. Separó las aguas turbias de las aguas mansas y creó el firmamento y lo llamó *cielo*. Luego reunió las aguas que estaban debajo de los *cielos* y las llamó *mares* y descubrió lo seco y a esto lo llamó *tierra*. Después dijo Dios: "Produzca la tierra hierba verde, hierba que dé semilla; árbol que dé fruto según su especie, cuya semilla esté en él, sobre la tierra".

Luego separó el día de la noche, para que sirvan de señales para las estaciones, los días y los años. Es decir, estableció el tiempo que tanto rige nuestros días. Declaró que el sol fuese la lumbrera mayor y le permitió señorear sobre el día. A la luna la denominó la lumbrera menor y le ordenó señorear en la noche. Hizo también las estrellas y luego las puso en los cielos para alumbrar sobre la tierra. Está escrito que Dios de la nada hizo los cielos y la tierra con su Autoridad y Poder Creativo. Dios era y estaba desde el principio; "y el Espíritu de Dios se movía sobre la superficie de las aguas".

Génesis 1:2. En unidad, La Trinidad estaba trabajando para restaurar todas las cosas. Creó una atmósfera de vida buena y habitable don-de solo existía vacío, tinieblas y desorden. Luego produjo el reino vegetal *–que dé fruto según su género y que su semilla este en él-*. Así como también el reino animal *–aves en el cielo, peces en el agua y bestias, serpientes y animales en la tierra según su especie-*. Todo lo creó con el propósito de sustentar al hombre que había de formar y moldear. Así Dios manifestó su perfecto diseño para lo que aún estaba por venir –el hombre ya concebido en su corazón-. *¡Y vio que era bueno en gran manera y se complació Dios.*

La Biblia es un libro que nos maravilla cuando aprendemos a leerlo, no solamente por su contexto literario sino porque su con-tenido expande nuestro conocimiento de la grandeza y hermosura del perfecto modo de obrar del Padre, que habita los cielos a favor de los hombres en la tierra. A través de estos textos conocemos Su carácter, aprendemos cómo manifiesta Su amor y los diseños perfectos para toda la Humanidad.

> ## Jeremías 29:11
> ### Reina Valera Actualizada (RVA-2015)
>
> *"Porque yo sé los planes que tengo acerca de ustedes,
> dice el SEÑOR, planes de bienestar y no de mal,
> para darles porvenir y esperanza".*

La Semejanza Espiritual

Después de crear la atmósfera y el medio ambiente adecuados, en donde podría plantar al hombre y a la mujer que ya existían en su corazón, Dios dice: *"Hagamos al Hombre a nuestra imagen, conforme a nuestra semejanza"*. Con estas declaraciones se estableció el diseño para el hombre que caminaría sobre la tierra. Luego, Dios formó al hombre de arcilla que tomó del suelo, polvo de la tierra. El cuerpo fue diseñado a la perfección y es el traje espacial con el que todos navegamos sobre la Tierra durante nuestra temporada de vida natural. Esta preciosa armadura contiene la esencia del Espíritu de Dios en sí misma y por lo tanto no debemos pensar en divorciar el Cuerpo del Espíritu debido a que "somos templo del Espíritu de Dios".

Cada hombre y mujer es portador de la imagen del Padre impartida con Su "Soplo de vida". Él introduce al Espíritu Santo en el hombre, dando así al cuerpo una mente con la que desarrollamos capacidad intelectual y emocional, desde donde la Voluntad se rinde, o no, al Señor.

Al Hombre se le define como un Ser Tripartito por poseer:

Cuerpo, *Mente* y *Espíritu*,

Así como Dios es a su vez otra Entidad Tripartita por ser:

Padre, *Hijo* y *Espíritu Santo*.

El Perfecto Diseño Original se cumple cuando Él imparte en El hombre su paternidad y se da a conocer desarrollando una relación íntima, inteligente y fundamentada en amor puro e incondicional con quien más ama.

Al crear al hombre como un ser tripartito, Dios lo capacitó con las facultades necesarias para gobernar, suministrando a su disposición en la atmósfera todos los recursos que requeriría. En la medida en que se desarrolla y se mantiene intimidad con Él, el Padre va impartiendo dirección y sabio consejo de manera continuada. Este tipo de relación paternal produce en el ser humano total armonía con el Padre, con los hombres y consigo mismo, lo cual se refleja en un sentido de completa paz.

De haberse mantenido el hombre dentro de este Diseño Perfecto, nunca hubiera experimentado injusticia social, enfermedad, miseria, pobreza. Tampoco hubiese entrado en contiendas y divisiones con sus semejantes, ni sentido celos, malicia o maldad debido a que estas son condiciones del corazón carente de amor y total falta de identidad. Su diseño estaba dispuesto para bendecir, por medio de esta pareja, a todos los hombres.

El objetivo del Creador ha sido siempre desarrollar y mantener una relación de comunión e intimidad con el hombre mientras expande, junto a él, Su Reino y Su Justicia en la Tierra. El de-bate acerca de esta verdad nace cuando Adán desobedeció y, por causa de su Pecado, todos los hijos de la creación quedamos necesitando ser redimidos. Este mundo quedó sumido en un grave esta-do de caos y desorden. El Plan de Redención restaura la relación íntima entre el Hombre y el Padre, el Hijo y el Espíritu Santo, y le concede acceso a su presencia de manera continua e incondicional, porque el diseño sigue en pie y el plan se lleva a cabo porque ¡Su voluntad siempre prevalece!

Estos conceptos son importantes debido a que un hombre bien educado, para manifestar con plenitud su ser tripartito, trabaja a consciencia en el propósito de establecer una sociedad sana, segura y progresiva, siempre a favor de toda la humanidad y no única-mente a favor de sí mismo o sus intereses personales. Un hijo de Dios sabe que nació para gobernar, decretar y establecer con total autoridad, porque es portador del Poder que Jesús le entregó como un "cheque en blanco"…, sin reservas.

Con Sus declaraciones, Dios no solamente había formado el cuerpo del hombre sino también su razón de Ser y de Existir durante su temporada en la Tierra. Con su Soplo de Vida, depositó en el hombre Su imagen. Lo hizo de esta manera sencilla y natural porque somos los representantes visibles en la Tierra del Dios invisible en los Cielos. Como Hijos del Dios Altísimo, somos representantes del Reino de los Cielos en la Tierra sin importar la condición, el pueblo, la raza o nación de donde procedamos. Cada hombre y cada mujer llevamos dentro de sí mismos la tarea funda-mental de manifestar el Reino de Dios en nuestro propio círculo de influencia. Por eso y para ello estamos revestidos de autoridad, y equipados además para gobernar como las cabezas visibles y los monarcas en el mundo de un reino invisible –pero no por ello carente de fuerza y poder-. Esto no significa que vamos a gobernar sobre otras personas para oprimirlas. Al contrario, a todos debemos levantar, afirmar, bendecir y jamás oprimir.

Recientes investigaciones de autorizados científicos, en diferentes campos de la ciencia moderna, han llegado a la irrefutable conclusión, completamente alineada con la Palabra de Dios, de que: *"De uno solo ha hecho toda raza de los hombres, para que habiten sobre toda la faz de la tierra. Él ha determinado de antemano el orden de los tiempos y los límites de su habitación"*. (Hechos 17:26). No importa cuánto una cada vez más pequeña parte del mundo se empeñe en predicar lo contrario, todos procedemos del mismo Creador y por nuestras venas corre el mismo tipo de sangre, sin importar el grupo étnico al que pertenezcamos.

Testimonio Personal
Mis Comienzos

Nací en Bogotá, Colombia, en un hogar donde nuestros padres profesaban ser católicos, apostólicos y romanos –más por tradición que por convicción-. Soy la cuarta de los seis hijos que concibieron mis padres. Durante los primeros ocho años de mi vida con papá y mamá, crecí normalmente, como muchos otros niños. Durante las vacaciones viajábamos en familia, nos divertíamos mucho, íbamos a restaurantes y se puede decir que nos amábamos. Los domingos jugábamos con nuestro papá y nos sentábamos unidos a la mesa, a compartir la cena. A todos nos castigaban y disciplinaban, pero con amor; hay que reconocerlo. Los hijos de nuestro hogar, como todos los niños, jugábamos y peleábamos, nos apoyábamos y también nos contrariábamos unos a otros, pero lo más valioso y significativo es que hasta el día de hoy permanecemos comprometidos unos con otros.

Como en la mayoría de las familias criadas con las creencias religiosas del Catolicismo, se buscaba a Dios por tradición, por costumbre y sin mucha revelación de lo que significa e implica conocer a nuestro Hacedor. Lo buscábamos para resolver situaciones en momentos de crisis y dificultad, porque habíamos aprendido que Dios, aunque era un ser todopoderoso más bien bravo y castigador, finalmente resolvía nuestras inquietudes. De cualquier manera, de-bíamos temer y mantenerlo tan alejado como fuera posible, para así no experimentar su castigo cuando le fallábamos. Celebrábamos las fiestas religiosas tan solo por tradición, como la semana santa, por ejemplo, o la navidad y las fiestas de algunos de los santos. Apren-dimos la importancia de cumplir con los sacramentos establecidos por la iglesia universal como el bautismo, la confirmación, la co-munión, el matrimonio, y la extremaunción para los enfermos, pero sin fundamentos bíblicos, sino por los mandatos del hombre.

Recuerdo que durante la semana santa, nuestra madre reunía a sus cuatro criaturas a repetir los mil Jesús. Un rito tradicional, aburrido e infinito para nosotros, que consistía en mencionar el nombre de Jesús mil veces de manera mecánica y sin el entendimiento claro de lo que se estaba haciendo. No entendíamos el *poder* de la Fe en Dios, ni el *poder* de la Oración del Justo –la cual tiene poder.

Durante los momentos de crisis familiar, por ejemplo, cuando el matrimonio de mis padres no marchaba bien y entre ellos hablaron de divorcio, nuestra madre nos reunía para rezar de manera repetitiva, mas sin conocer o reconocer el *poder* espiritual que Dios había depositado en cada uno de nosotros. Por lo tanto, no obteníamos resultados tangibles a nuestras oraciones. Así fueron mis padres enseñados y así les enseñaron ellos a sus hijos (instruidos en religión, como lo fueron la mayoría de nuestros ancestros) y así crecimos, pensando equivocadamente que estábamos haciendo algo bien.

Como crecí con estas enseñanzas de oraciones sin respuestas, de un Cristo que no estaba vivo sino crucificado y colgado en un muro de la casa, carente por completo de manifestaciones espirituales, pues esto fue lo que involuntaria e inocentemente practiqué siempre. Aunque tenía fe como una semilla de mostaza –porque a todos nos fue dada esa espléndida porción, suficiente para mover montañas-, y como no esperaba respucstas a mis peticiones, no logré disfrutar de la capacidad de "mover" del Espíritu de Dios, durante esa etapa de mi vida. Tampoco entendí que yo tenía el derecho de ser llamada Hija de Dios, de poseer una Herencia Espiritual, que estaba hecha a Su imagen y que era portadora de un nivel de autoridad y poder capaz de cambiar todas las circunstancias adversas que la vida, que nuestras acciones y malas decisiones continuamente nos presentan.

De todas formas, no tuve la oportunidad de aprender para entonces la importancia y la necesidad de conocer la *voluntad* de Dios y de buscar Su presencia para caminar por la vida con Su bendición. Comprendo ahora que nos faltaba entender que podíamos conocer y permitir que Dios entrara en nuestras vidas, en nuestros corazones y en nuestros hogares con su amor.

"Mi pueblo perece por falta de conocimiento", dice Oseas 4:6 en Las Escrituras. Así, por falta de conocimiento, nuestras largas y repetitivas prácticas religiosas no formaron nuestro corazón ni nos conectaron con el Dios de los cielos. Al convertirme en una adulta más, me alejé de todas esas prácticas infértiles. Como familia no fuimos formados para conocer a Dios de cerca, ni tampoco para desarrollar una relación auténtica con Él. Lo amaba porque se nos enseñó que había que hacerlo, pero no aprendí a amarlo como lo hago aquí y ahora, con todo mi cuerpo, mi corazón y mi mente, a tal punto que todo mi Ser comprendiera que Jesucristo está vivo, es real y debe ser el centro de mi vida.

Este testimonio resulta relevante y revelador porque representa de una manera genuina y real las consecuencias de la caída del hombre original. Es, además, un ejemplo palpable de cómo, con el correr de los años, la vida se ha ido tornando en contra de Dios o, en el mejor de los casos, ciertamente fría y a favor del humanismo. Nos hemos olvidado, si fue que acaso lo supimos, de buscarlo para hacer Su voluntad. Normalmente lo procuramos para que solucione nuestras crisis y después de que Él por su misericordia nos ayuda, nos volvemos a alejar.

De mi familia había aprendido que dentro de los valores a tener en cuenta para toda la vida, estaba en primer orden el dinero, el capital. Así, antes de conocer a Cristo, mi dios era el dinero. Yo anhelaba tenerlo en gran medida porque pensaba, de manera equivocada, que esa sería la marca de mi éxito y la razón de mi aceptación en la sociedad, además de la solución a todos los problemas divinos y mundanos.

En el sentido espiritual, el poder del dinero es un espíritu denominado Mamón, al que durante la Edad Media se personificaba comúnmente como el demonio de la avaricia, la riqueza y la injusticia.

Termino este breve episodio de mi testimonio diciendo que no es malo ni es pecado tener dinero –*"Del SEÑOR es la tierra y todo cuanto hay en ella, el mundo y cuantos lo habitan"*, (Salmo 24:1).

Lo que no agrada a Dios es <u>*el amor al dinero*</u> (idolatría) y su mal uso. Al rescatarme, Dios me libró de que me ocurriera lo mismo que al joven rico descrito en Su palabra:

Lucas 18: 18-25

Biblia Reina Valera 1960

"Un dignatario le preguntó, diciendo:
- Maestro bueno, ¿qué haré para heredar la vida eterna?
Jesús le dijo:
- *¿Por qué me llamas bueno? Nadie es bueno, sino solo Dios.*
- *Los Mandamientos, sabes: 'No adulterarás; no matarás; no hurtarás; no dirás falso testimonio; honra a tu padre y a tu madre'. Todo esto lo he guardado desde mi juventud.*

Al oír esto, Jesús respondió:

-   Aún te falta una cosa: vende todo lo que tienes y dalo a
los pobres, y tendrás tesoro en el cielo; y ven, sígueme.
Entonces él, oyendo esto, se puso muy triste porque era muy
rico.
Al ver Jesús que se había entristecido mucho, dijo:
¡Cuán difícilmente entrarán en el Reino de Dios
los que tienen riquezas!"

Esto es, no por tener las riquezas sino por amarlas más que a Dios mismo. Si este joven rico le hubiese creído a Jesús y lo hubiera seguido, sus bienes se hubieran multiplicado porque el Dios que predicamos nunca nos pide algo si no es para multiplicarlo. Él bien sabe que para avanzar hacia el Reino es necesario tener dinero. Dios no está en contra del peso, sino de que lo amemos más que a Él.

Capítulo 2

El Diseño de Dios para El Hombre
El Plan Perfecto

Génesis 2:1

"Quedaron, pues, acabados los cielos y la tierra,
y todo el ejército de ellos.
Y acabó Dios en el día séptimo la obra que hizo;

Dios después vio, contempló y analizó lo que había hecho y decidió *que era bueno en gran manera* (Génesis 1:31). Es decir, El Creador concluyó que, en la medida que se llevara a cabo el orden de su diseño, este hombre –que no solamente Él había creado, sino que también le había dado su imagen y semejanza-, estaría bien en gran manera. Así, al cumplirse su intención original para Adán –y toda la humanidad en general-, todo estaría bien, porque había equipado a ese ser desde la dimensión sobrenatural en la que el Espíritu es la fuerza predominante, con el fin de que navegara en la dimensión natural, sobre la que caminaría durante su temporada en la Tierra. En el Edén, Adán era Rey y Señor, dotado con creatividad, dones, talentos, incalculable capacidad intelectual y un gran sentido para su vida.

Todo manifestaba la perfección de Su diseño. Este poderoso hombre fue formado como un ser tripartito: con un *Cuerpo* para navegar el mundo, una *Mente* (donde alberga su capacidad intelectual para crear y pensar), la *Voluntad* (para experimentar diferentes emociones o sensaciones, según las circunstancias en que se encuentra) y el _Espíritu_ (por medio del que nos conectamos con Dios).

El Espíritu:

Este precioso Creador, con el Soplo de Vida impartió Su Santo Espíritu en el hombre y así imprimió Su sello en él. Nuestra semejanza se establece en la parte espiritual, porque Dios es un Espíritu Eterno que no tiene –porque no necesita- un cuerpo físico. Por lo tanto, nuestra relación se logra por medio de una comunión con el _Espíritu,_ no con la mente o las emociones, aunque estos participen en la interacción cuando reconocemos nuestra necesidad del Padre.

La Mente:

Job 12:10
Palabra de Dios para Todos (PDT)

"La vida de todo ser viviente está en manos de Dios.

El libro de Deuteronomio 6:5-6 dice, *"Y amarás al Señor tu Dios con todo tu corazón, y con toda tu alma, y con todas tus fuerzas. Y estas palabras que yo te mando hoy, estarán sobre tu corazón".*

Esta es Su voluntad y lo declara en Su palabra repetidamente. Además, nos ofrece un gran número de bendiciones cuando voluntariamente decidimos hacerlo Señor de nuestro mundo por sobre todo otro señor o dios. Sin embargo, nunca nos va a forzar a hacerlo por causa de que Dios está limitado por su palabra –la cual establece su compromiso con nuestro Libre Albedrío-. Imagínese a sus hijos, los que usted con tanto amor cuida y nutre, amando más a los amigos y vecinos que a usted ¿cómo se sentiría?

El *entendimiento* es uno de los componentes más importantes y valiosos en el *capital humano* (la habilidad cognitiva), porque allí el hombre alberga el *intelecto*, la *voluntad* y las *emociones*. Sin embargo, no es la mente la que le propicia la mejor relación con

Dios, debido a que el Hombre pretende razonarlo todo. La dualidad o confusión surge cuando comprendemos que no es la razón sino la Fe, es decir, creer sin ver, lo que es necesario para producir los resultados esperados. *"Sin fe es imposible agradar a Dios"* (Hebreos 11:6). Pero no solo no le agradamos sin fe; tampoco veremos su obra manifiesta, porque *"...por la fe y la paciencia se heredan las promesas"*, (Hebreos 6:12).

¿Por qué no podemos relacionarnos con Dios exclusivamente por medio de la mente? Por su diseño mismo. Tanto la mente como el cuerpo forman parte del Diseño de Dios para transitar por el mundo. Con la mente, el hombre determina la realización de sus planes y de sus pasos. Es por medio del intelecto que el hombre aprende, entiende, deduce, desarrolla y trata con las complejidades de la vida y con lo que subordina al entendimiento todas sus experiencias. A pesar de esto, es importante reconocer que las cosas del Espíritu no se pueden discernir sino con y por el Espíritu. Para darse a conocer, Dios nos dio la Fe.

La Voluntad:

La *voluntad* y la *inteligencia* son las marcas de la existencia humana. El ejercicio de nuestra voluntad o Libre Albedrío es la comprobación de que al hombre se le ha otorgado la libertad de decidir por sí mismo. De muchas maneras la voluntad está ligada al comportamiento social e involucra nuestro sentido de moralidad y de responsabilidad, lo que incide en las acciones de cada individuo.

Aunque resulta un poco complejo definir y conceptuar, una de las metas de este escrito es mostrar cómo nuestras creencias acerca del Libre Albedrío operan para impactar nuestro sentido de independencia y sobre las consecuencias de nuestras propias acciones. Una persona sin Dios utiliza su voluntad para hacer lo que mejor le parece, con un marcado sentido de independencia de Dios y aun de sus semejantes. Vive siempre tratando de lograr lo mejor para su propio "yo", frecuentemente en detrimento de los demás.

A su vez, Dios como buen Padre que es, les muestra Su voluntad a sus hijos, la cual es buena, agradable y perfecta. Él nos enseña el valor y la importancia de la interdependencia –y cuanto necesitamos, tanto de Dios como los unos de los otros–, pero nunca se impone, porque respeta nuestro Libre Albedrío, establecido por Él en Su palabra.

La voluntad del Hombre es poderosa, especialmente cuando es usada para cumplir con el propósito que El Padre depositó en él, en su Espíritu. En el mundo y fuera del Padre, el hombre pretende lograr con la voluntad solamente lo que lo hace sentir bien y parece ser provechoso apenas para sí mismo, y según su propia opinión. Simplemente rehúsa tener en cuenta lo que Dios piensa para él.

A mí me transformó el corazón aprender lo que dice el Señor por medio del profeta Jeremías, en el capítulo 29, versículo 11:

"Porque yo sé los pensamientos que tengo acerca de vosotros, dice Jehová, pensamientos de paz y no de mal, para daros el fin que esperáis".

Si Dios está pensando en mí, ciertamente quiero saber cuáles son esos pensamientos de bien, porque en mi experiencia, cuando lo hice a mi manera, me equivoqué muchísimas veces y no obtuve el fin que yo esperaba —muchas veces solamente logré resultados desastrosos.

Desde Adán y Eva, después que comieron del fruto del árbol del bien y del mal, la humanidad ha estado tratando de encubrir su naturaleza independiente, no con hojas sino con logros y éxitos que se atribuye a sí misma, a su propia capacidad, quitándole toda la gloria y la honra al Creador. Es una bendición poder entender que primordialmente necesitamos depender de Dios y reconocerlo en todos nuestros caminos, porque Su mano es la que nos bendice.

Las Emociones:

Podemos definir las emociones como experiencias internas muy subjetivas y complejas, que afectan el estado mental de una persona. Es a estas emociones a las que les hemos otorgado el valor cognitivo que asignamos al amor, la ira, la ansiedad, el temor, entre muchas otras. Con las emociones podemos y debemos navegar nuestro mundo de una manera saludable, aunque sabemos bien que no siempre es así. Con razón estas sensaciones emotivas influyen en nuestra salud y bienestar, debido a que afectan de manera negativa desde nuestros más sencillos o rutinarios pensamientos, hasta los más profundos y trascendentales.

Las investigaciones demuestran que el 84% de nuestros pensamientos tienden a ser negativos y afectan seriamente nuestro estado de ánimo, trayendo como resultado depresión, ansiedad, ira, baja autoestima, y muchos otros males. Las emociones, como todo nuestro ser natural y espiritual, fueron diseñadas por Dios para servir de calibrador o medidor del estado natural del ser humano. Comprenden el estado sensorial, físico y social y se usan como guía para reaccionar al temor, al gozo, al amor, a la tristeza, al placer, o a la ira. Sin embargo, no deben dictar el comportamiento ni las decisiones, sino que se deben controlar para evitar aquellos comportamientos negativos o súper positivos, que nos sustraen de la realidad, marcando altibajos desventajosos en nuestra conducta. En gran manera, el patrón de como experimentamos nuestras emociones re-sulta de las creencias y de lo que valoramos en la vida; así también como de las prioridades establecidas según los principios que se hayan desarrollado en familia y en sociedad.

El hombre desea a toda costa sentirse bien y tener placer. Evita el sufrimiento, el sacrificio y tener que rendir su voluntad. A través de las emociones, el hombre busca escapar o anestesiar su dolor. Es por esto que resiste con todas sus fuerzas ir en pos de Dios y desarrollar una relación como Él quiere: El Padre en control y el hombre sujeto en obediencia, haciendo Su voluntad. De la Palabra de Dios aprendemos que todas las emociones, son importantes y válidas, solo que es necesario sujetarlas a la voluntad del Padre.

Veamos cómo en las Escrituras el Señor valida y acepta las emociones:

- El temor descrito en Salmos 34:4: *"Busqué a Jehová, y él me oyó, Y me libró de todos mis temores"*.

- El gozo descrito en Salmos 37:4: *"Deléitate en el Señor y él te concederá los anhelos de tu corazón"*.

- La ira descrita en Salmos 37:8: *"Deja la ira y abandona el enojo; de ninguna manera te apasiones por hacer lo malo"*.

- El afecto descrito en Romanos 12:10: *"Amándose los unos a los otros con amor fraternal; en cuanto a honra, prefiriéndose los unos a los otros"*.

Si bien es cierto que nuestras emociones revelan lo que amamos, lo que aborrecemos, en lo que confiamos y dónde están nuestros temores, al fin y al cabo no podemos doblegar nuestras más im-portantes decisiones a dichas emociones, porque, entre otras cosas, son muy fluctuantes y engañosas.

El intelecto se debe desarrollar por medio de una buena educación y el buen entendimiento, sin darle lugar a dudas ni queriendo razonar todo, porque las cosas del Espíritu no las podemos entender con el sentido lógico. Las emociones se deben madurar y balancear, porque son nuestra brújula en la Tierra. Nuestra voluntad necesita ser rendida al Creador, es decir, se debe desarrollar Madurez Espiritual, que se logra por medio del estudio y la meditación de las Escrituras, manteniendo una vida de *oración constante* y de *comunión* con Dios.

Todo nuestro Ser debe estar siempre sujeto y obediente a la dirección del Espíritu de Dios, y se desarrolla por medio del espíritu que ya fue puesto en nuestro interior. Todos sobre la Tierra somos espíritu. Lo que sucede es que nos habituamos a lo natural, guiados principalmente por los sentidos (lo que vemos, escuchamos, olemos, sentimos, tocamos) y por esta razón nuestro Ser espiritual está dormido y sin desarrollar. Sin embargo, cuando le entregamos nuestra vida al Señor, Él es avivado cuando el Espíritu de Dios viene a morar en nosotros, con el fin de guiarnos a toda verdad y hacer de nosotros un Templo, un Altar para Dios, desde donde se rinde la voluntad y se ofrece sacrificio continuo que sube a Su presencia.

Romanos 12:2

"No se conformen a este mundo; más bien, transfórmense

Este es un proceso que lleva tiempo, disciplina, fe, perseverancia y mucha entrega. Uno de los obstáculos que enfrentamos, es que actualmente vivimos en una sociedad que busca obtener resultados instantáneos en todas las actividades que nos presenta. No hemos aprendido a reconocer el beneficio que traen las cualidades como la paciencia, la bondad, la misericordia, la templanza, la benignidad, la mansedumbre. Todas estas son cualidades que ayudan a desarrollar en nosotros paz en abundancia, entre otras muchas cosas –algo que el mundo necesita, ¿no?-. Sin embargo, en el ámbito espiritual estamos llamados a ejercitar estas virtudes, incluyendo la fe, manifiestas en el proceso de confianza en la *obra redentora* de Dios.

El Cuerpo:

El cuerpo está compuesto de once maravillosos sistemas que nos mantienen sanos, vibrantes y funcionales. Fue creado a la perfección y diseñado para ser el traje espacial con el que navegamos sobre la Tierra durante nuestra vida natural. Aunque es santo, porque contiene la esencia del Espíritu de Dios, no debemos pensar que podemos divorciar el *cuerpo* del *espíritu* como si el *espíritu* fuese lo único que importa. Nuestro cuerpo es una obra maestra y poderosa; tanto, que la ciencia aun no entiende completamente sus maravillosas complejidades.

Salmos 139:13-16
Nueva Versión Internacional (NVI)

"Tú creaste mis entrañas; me formaste en el vientre
de mi madre. ¡Te alabo porque soy una creación admirable!
¡Tus obras son maravillosas y esto lo sé muy bien!
Mis huesos no te fueron desconocidos cuando
en lo más recóndito era yo formado,
cuando en lo más profundo de la tierra
era yo entretejido. Tus ojos vieron mi cuerpo en gestación:
todo estaba ya escrito en tu libro; todos mis días se estaban
diseñando, aunque no existía uno solo de ellos"

Nuestra vida no es un accidente ni un error de nuestro progenitor. Muy cuidadosamente, Él estuvo presente formando cada una de sus partes y células para darnos vida. Él usa a nuestros padres para traernos al mundo cuando llega nuestra hora de caminar sobre la Tierra, con el propósito de manifestar el Diseño del Padre con nosotros, el cual es introducido en nuestro *espíritu,* como una semilla, cuando nacemos para que en su tiempo se manifieste y dé mucho fruto que bendiga a otros.

1 Corintios 6:19

*¿O ignoráis que vuestro cuerpo es templo del Espíritu Santo,
el cual está en vosotros, el cual tenéis de Dios,
y que no sois vuestros?*

El Diseño Original para el Hombre:

Al recibir la imagen de Dios, el hombre ni posee ni conoce el mal, no tiene pecado ni hay condenación en él. A cada criatura se le otorga tanto valor, que El Padre le dio potestad de ser llamado Hijo. Cuando nos creó, su intención fue tener arte y parte con la Familia Humana que plantó sobre la Tierra. Dios anhela poder manifestar Su paternidad a sus hijos y así nutrirlos, guiarlos y amarlos desde Su Esencia Espiritual. Su relación con los hombres denota como legado principal una poderosa e inexorable historia de amor, que a título personal Él decide regalarle a cada hombre y a cada mujer caminando sobre la Tierra. Este regalo es íntimo, es personal y en lo que a Él respecta, no cambia ni tiene condición.

"Él sabía que en la vida, la paternidad no era una opción sino una necesidad entre los hombres –y nos la dio".

(Apóstol Guillermo Maldonado. *Necesito un Padre).*

Salmos 139:1-6

Omnipresencia y Omnisciencia de Dios

"Jehová, tú me has examinado y conocido.
Tú has conocido mi sentarme y mi levantarme.
Has entendido desde lejos mis pensamientos.
Has escudriñado mi andar y mi reposo,
y todos mis caminos te son conocidos,
pues aún no está la palabra en mi lengua
y ya tú, Jehová, la sabes toda.

Detrás y delante me rodeaste,
y sobre mí pusiste tu mano.
Tal conocimiento es demasiado maravilloso para mí;
¡Alto es, no lo puedo comprender!".

Dios se Revela por Su Palabra:

Desde los primeros capítulos de Las Escrituras se plasma el corazón y la intención de Dios, como esencia de lo que quiere revelarnos. Podríamos pensar que antes de crear el mundo, Dios habitaba solamente en el Cielo. Una vez formada y ordenada la Tierra, el Diseño es establecer y expandir su Reino con su familia terrenal. Todo reino se compone de un rey, un reino, los ciudadanos y el territorio que el rey gobierna. En el Reino de Dios, Jesucristo es el Rey, los hijos son los ciudadanos que lo siguen. Estos hijos hemos sido asignados como reyes y sacerdotes para Dios. Los reyes gobiernan con autoridad sobre los territorios asignados y los sacerdotes ministran al pueblo el corazón del Padre en verdad e integridad. La tarea es conocerlo de manera íntima y personal para impartir sobre otros lo que conocemos, vemos y experimentamos con Él.

Todos unidos, hemos de conquistar y ocupar el territorio que se nos ha entregado para poseerlo juntamente con Cristo. En el capítulo anterior vimos que toda autoridad en la Tierra fue dada a Adán. Sin embargo, después del pecado fue Satanás quien tomó las llaves de autoridad y posesión de la Tierra –por un tiempo determinado.

A pesar de que el hombre fue diseñado para reflejar el corazón del Creador y para gobernar sobre la Tierra con la misión de expandir el Reino de Dios, éste cayó por causa de su desobediencia y el diseño se perdió. La naturaleza perfecta del hombre se corrompió afectando la mente, las emociones, la voluntad y hasta el cuerpo físico del ser humano. Como consecuencia, entró la muerte, la enfermedad, la injusticia social y no quedó ni uno que hiciera lo bueno.

Romanos 3:16-18

"Quebranto y desventura hay en sus caminos;
y no conocieron la paz.
No hay temor de Dios delante de sus ojos".

Desde entonces, la humanidad entera se inclina hacia el pecado, hay engaño en su corazón y está desesperadamente enferma física, mental y emocionalmente. Su naturaleza contaminada silenció al *espíritu* que Dios puso en él. Todos nos hemos conformado con el humanismo que se predica en la sociedad y no vemos problema con normalizar lo que es pecado, llamando a lo bueno malo y a lo malo bueno; disculpando la actitud en la "naturaleza humana", desconociendo y muchas veces ignorando deliberadamente, que estamos llamados a levantarnos por encima de esa maldad, por el Espíritu de Dios que está dentro de nosotros, en nuestro _espíritu_.

En nuestras propias fuerzas es imposible vencer la naturaleza pecaminosa. Solos no podremos resistir a nuestra propia carne ni a las tentaciones del mundo y del diablo. Por esto debemos recordar que fuimos creados para vivir en la presencia de Dios por el Espíritu Santo, que mora en quienes se lo permiten –y le ceden el paso-. Sin Cristo somos y seremos víctimas de nuestras debilidades ya que el pecado esclaviza y a la vez engaña, haciendo pensar a las personas que son libres para hacer lo que quieren. Pretendemos vender la idea de que todo lo hacemos es por la _libertad_ que se nos ha dado, pero la verdad es que sin Cristo somos esclavos del pecado que nos acecha, llámese este alcoholismo, drogadicción, idolatrías a personas, profesando amor vano por el dinero y las posesiones, siendo engañosos y mentirosos. También amando más el trabajo y las muchas ocupaciones, el juego y los entretenimientos, la sexualidad descarriada en fornicaciones, lascivia y lujuria –esto El Padre lo tiene muy claro y por eso es misericordioso y compasivo. Él entiende nuestras debilidades de la carne y nos da la fuerza para vencer, pero no puede ser burlado.

Las Escrituras son sombra y señal de la obra de los tres miembros de la Trinidad –Padre, Hijo y Espíritu Santo-. Cada uno ejerce, de manera ordenada, su responsabilidad de creación, redención y administración de los hombres. No hay ni una sola coma en las Escrituras que no conlleve un poderoso mensaje implícito en sí mismo. Estos mensajes son conocidos como Palabra Rema.

La Palabra Rema es más profunda que la Letra Logos, o la Palabra a simple vista. Con esta inquietud en mente, indagué acerca del significado de los nombres de los cuatro brazos del río que salían del Edén y los materiales que contenían, con la intención de comprender la profundidad de lo que Dios nos está diciendo por medio de La Palabra –y con ese conocimiento, acoplarse a Su voluntad:

Génesis 2:10-14

*"Y salía de Edén un río para regar el huerto,
y de allí se repartía en cuatro brazos.
El nombre del uno era Pisón;
éste es el que rodea toda la tierra de Havila,
donde hay oro; y el oro de aquella tierra es bueno;
hay allí también bedelio y ónice.*

El nombre del segundo río es Gihón;
éste es el que rodea toda la tierra de Cus.
Y el nombre del tercer río es Hidekel;
éste es el que va al oriente de Asiria.
Y el cuarto río es el Eufrates.
Pisón significa ojo de agua,
vertiente o nuevo nacimiento.
Estas palabras se relacionan
con el nuevo nacimiento del hombre
que recibe a Jesús como su Señor y salvador.
Jesús es ese Pisón que hizo brotar en nosotros
ríos de agua viva cuando le recibimos en nuestro corazón.
El curso principal del río Pisón
que rodea toda la tierra de Havila
representa la obra del Espíritu de Dios
que es todo-inclusive.
Un hombre perdido y sin esperanza
requiere del "todo inclusive"
poder, soberanía y sabiduría del Espíritu de Dios
para entrarlo al nuevo nacimiento del Hombre

y regresarlo al redil del Alto y Sublime.
Este es uno de los milagros más poderosos
que un hombre pueda experimentar
y no viene del hombre
sino del poder de Dios para salvar".

Gijón significa *cascada o catarata que desciende de arriba hacia abajo con mucho estruendo*. Este concepto se relaciona con el del Bautismo en el Espíritu Santo, que viene y nos reviste de poder de arriba a abajo.

Hidekel significa *fluyendo en su cauce, aguas rápidas*. Esto es, cuando desciende y corre por el valle y a ambos lados hay mucho fruto, producto de las abundantes aguas que fluyen. Aplicado a nuestra vida, se relaciona con el fruto del Espíritu Santo. El fruto es el carácter de Cristo formado en el nuestro (Salmo 1:3; 65:9-13; Juan 15:1-5; Ezequiel 47:12).

Éufrates Significa copioso, abundante o profundo, representando nuestra morada eterna donde no habrá más sufrimiento, enfermedad, escasez, muerte, pecado o tinieblas. Estaremos con Jesús por siempre disfrutando de la morada que él nos ha preparado (Juan 14:1-3; Ezequiel 47:3-5).

Estas aguas también contenían materiales valiosos y se relacionan con lo que el Padre preparó de antemano para nuestro Caminar Espiritual: El oro representa la naturaleza divina que recibimos al creer en el Señor Jesús y en la obra que Él hace en los que le dan derecho legal de entrar en su corazón, para purificar y transformar su mente. Pese a ello, aún tenemos muchas impurezas en nuestra manera de Pensar. Por esa razón, cada vez que somos instados a Actuar en nuestro ser natural, contra la voluntad de Dios, sentimos una fuerte contrición que produce en nosotros arrepentimiento. Este sufrimiento interior forma parte de un proceso necesario para purificar y transformar nuestra mente. El Apóstol Pablo, autor del libro de Romanos, nos insta a realizar esta metamorfosis en nuestras vidas, cuando menciona que es un proceso semejante al del fuego que necesita el oro para ser refinado.

El Apóstol Pedro hace esa misma comparación diciendo: *"En lo cual vosotros os alegráis, aunque ahora por un poco de tiempo, si es necesario, tengáis que ser afligidos en diversas pruebas, para que sometida a prueba vuestra fe, mucho más preciosa que el oro, el cual aunque perecedero se prueba con fuego, sea hallada en alabanza, gloria y honra cuando sea manifestado Jesucristo"*, (1 Pedro 1:6-7).

Las diversas pruebas que Dios dispone para nosotros, son oportunidades para lanzar al fuego del espíritu las impurezas de nuestra manera de pensar y de actuar. Además del oro bueno de la tierra de *Havila*, por donde pasa el río *Pisón*, también hay bedelio, que es una especie de perla vegetal, que resulta de la abundante savia que rompe la corteza de ciertos árboles. *"Obra como martillo que quebranta la piedra endurecida de nuestros corazones."*

Jeremías 23:29

Reina-Valera 1960 (RVR1960)

"¿No es mi palabra como fuego, dice Jehová, y como martillo que quebranta la piedra?"

El *Bedelio* representa la Obra del Hijo *y manifiesta la eterna y constante presencia del Salvador, desde antes de que se hiciera necesario que el hombre requiriera ser redimido.* Esta presencia permanece durante todo su proceso de salvación y liberación y sanidad. Dice la Palabra que cuando Dios liberó y sacó a su pueblo de la esclavitud de Egipto, le alimentó con maná en el desierto.

El Espíritu de Dios está siempre presente y constantemente obrando en nosotros –mente, corazón y espíritu-, para hacer de nosotros utensilios de plata útiles en la construcción de su templo, la Iglesia de Jesucristo. El novio, Jesucristo, viene a buscar a su novia, la Iglesia, y la quiere encontrar sin mancha ni arruga –sin pecado ni maldad. Tú y yo, amado lector, somos Su Iglesia.

La perla es formada cuando un grano de arena entra en la ostra. Al entrar en ella, el grano de arena le incomoda, así como cuando nos entra polvo en los ojos. Espontáneamente, la ostra produce una secreción –su parte más rica- para envolver el grano de arena, con el fin de que le cause menos sufrimientos. Este proceso, lento y doloroso, termina transformando al grano de arena en una bella perla. Esto es semejante a la labor del Señor, cuando estaba muriendo en la cruz por cada uno de nosotros, para redimirnos y producir la Iglesia (el Cuerpo de Cristo).

Apocalipsis 21:21 dice, *"Las doce puertas eran doce perlas; cada una de las puertas era una perla. Y la calle de la ciudad era de oro puro, transparente como vidrio"*. Estas puertas, que son las entradas a la ciudad santa, surgieron por medio del sufrimiento de Cristo, quien nos amó sin medida y se dio por nosotros.

En la tierra de *Havila* que rodea el río *Pisón*, también se encuentra una piedra preciosa, la piedra de *ónice*, que es de color rojo y representa la sangre que Cristo derramó en la cruz. Con la sangre que derramó, pagó por completo el precio de comprarnos la vida eterna. Podemos ver las piedras preciosas también al final del Nuevo Testamento, en la Nueva Jerusalén, cuyo fulgor será semejante a una piedra como el jaspe, diáfana como el cristal. Los cimientos del muro de la Nueva Jerusalén están adornados con todo tipo de piedras preciosas (Apocalipsis 21:11, 19-20).

Cada piedra tiene un color que representa una característica de la obra de Dios en nosotros. El *color rojo* se refiere a la redención. *El color verde* a la vida y la variación de su tonalidad representa los diversos niveles de madurez espiritual. Por ejemplo, en la vida vegetal, cuando una planta empieza a brotar, es de color verde claro; pero conforme va creciendo, este verde se va oscureciendo, se vuelve de un color más intenso. Entre las doce piedras preciosas hay algunas con tres tonalidades diferentes de color verde; el más intenso es la piedra de jaspe, que representa la madurez de la vida.

La plata está presente en la edificación del tabernáculo en el Antiguo Testamento y también representa la redención de Cristo (Éxodo 26:19-25; 30:12-16). En el Nuevo Testamento, el Apóstol Pablo habla de la plata en la edificación de la iglesia, entendiendo que la iglesia no es un edificio sino nosotros mismos (Ministerios Canaán).

Vemos así por la Palabra, que para Dios es importante que sus hijos en la Tierra se sientan amados y que su *caminar espiritual* sea de una constante transformación y purificación de su Mente. Si bien es cierto que Adán fue creado perfecto, el Padre sabía lo que había de venir y la provisión para redimir a los hombres ya estaba preparada. Gracias a Su omnisciencia, el plan de redención operaba desde que Adán fue plantado en el Jardín del Edén, cuando ni había pecado ni se había apartado de la *gracia* de Dios. Todo porque Él conoce nuestro pasado, presente y futuro.

El representante de la humanidad fue creado para vivir muy cerca del Padre, en intimidad y comunión, porque de esa manera podría descubrir su carácter, entender su infinito amor, conocer su propósito, y mantenerse en santidad –disfrutando Su paternidad-. Ese tipo de cercanía genera un movimiento en la dimensión sobrenatural, el cual se define como "poder que capacita para las cosas que hemos sido llamados a ser y hacer".

Desafortunadamente, por no entender estos conceptos, hoy en día estamos viviendo en medio de un mundo de huérfanos; hombres y mujeres que por falta de paternidad, caminan por la vida sin identidad, alterados emocionalmente por causa del dolor, el quebrantamiento y el sentido de pérdida y abandono. Aunque creados poderosos para vencer los retos que el diario vivir presenta, andamos sin poder reconocer quiénes somos, qué poseemos, lo que representamos y para qué fuimos puestos sobre la faz de este planeta.

A diferencia de las plantas que nacen, crecen, se reproducen y mueren, cada ser humano fue creado por Dios para eventos que trasciendan y bendigan a otros. Las bendiciones de Dios siempre son impartidas a los hombres por medio de hombres que se dejan usar por Él y proceden del Padre. El problema es que por falta de identidad y de conocimiento, muchos mueren sin descubrir su propósito y cursan sus vidas divagando o cumpliendo tareas que no fueron asignadas por el Padre para ellos y mueren insatisfechos, sin entender por qué y para qué caminaron sobre la tierra.

Todas las cosas del Señor tienen un *diseño*, un *tiempo* y un *proceso*. Como *hijos*, debemos ser procesados porque, para empezar, cuando tenemos nuestro encuentro y nacemos de nuevo, llegamos quebrantados por las equivocaciones y las malas decisiones que hemos tomado durante nuestra vida. Llegamos sin identidad, carentes de *paternidad divina* y frecuentemente en estado de crisis. El Padre nos toma e inicia una trayectoria de restauración y redención, en la que desarrollar identidad en Cristo y como Hijo de Dios es central en la *formación divina* de quiénes somos y para dónde vamos.

Testimonio Personal
Mi vida sin Dios

Yo tenía nueve años cuando la relación matrimonial entre mis padres se agravó, y diez cuando terminaron divorciándose. A raíz de su separación, mi madre decidió salir de Colombia para ir a vivir en los Estados Unidos. Les pidió permiso a nuestro padre y a un juez que autorizaran nuestra salida del país para radicarnos en los Estados Unidos y así, una vez concedidos los permisos, inició nuestro traslado. Viajó sola en un principio, para conocer mejor el país, aprender inglés, comprar una vivienda y asegurar trabajo. Mientras ella consolidaba su estadía en los Estados Unidos, repartió a sus hijos entre sus hermanas y hermanos, ya que éramos demasiados como para dejarnos con una sola familia. Los cuatro más pequeños permanecimos en la casa de un tío adinerado, quien podía hacerse cargo de todos nosotros.

Para ese momento, nuestro padre había formado una nueva familia y nos había dejado. Al firmar el permiso que autorizaba nuestra salida del país, renunció así a mantener su responsabilidad de padre y se olvidó de sus seis hijos. Lo volvimos a ver unos siete años después, en un corto y no muy placentero encuentro, debido a ya para entonces había en mí un gran vacío causado por la carencia de su paternidad, que no permitió un acercamiento genuino entre nosotros. Además, porque él nunca aceptó su error de haber abandonado su hogar. Aunque conocí en parte su paternidad durante mis primeros años, no la tuve en momentos difíciles y trascendentales de mi vida. Tampoco tuvieron paternidad mis otros cinco hermanos y así fuimos creciendo aceleradamente, con la obligación de hacernos responsables de tareas que, aunque no nos correspondían, tuvimos que cumplir para lograr el bien de todos.

El mayor de los hijos tenía catorce años y el menor tenía un año. Según su madurez, cada uno debía procesar este suceso y aprender a vivir con las consecuencias que marcarían no solamente su vida sino sus generaciones. Cada uno tendría que intentar sanar las cicatrices indelebles en su corazón, que definirían el estilo de todas sus relaciones y muchas de sus actitudes.

Cuando un esposo decide irse de su casa, no solamente se va el marido sino que también desaparece el padre y proveedor de los hijos que ha engendrado. Los abandona dejándolos a su propia suerte, cambiando así el destino de cada uno. Ese día cambia también el estado emocional, intelectual, mental, espiritual y económico de la mujer y los hijos, quienes permanecen atónitos y sin entender el acontecimiento de abandono que para siempre marcará sus destinos.

El abandono es una de las heridas más difíciles de sanar. Los niños marcados por el abandono y el rechazo desarrollan inseguridad y baja autoestima, entre otras muchas condiciones del alma y debilidades en el desarrollo de la personalidad. Sin la protección psicológica y física necesaria de un papá, se aprende a interiorizar el temor y se desarrolla un sentido de vergüenza tóxica que surge como resultado del dolor de haber sido abandonado. Este es el dolor del cual tales personas necesitan sanar e intentar salir porque se manifiesta en forma de ira, de rebeldía, de independencia y como no se desarrolla identidad, se busca aceptación por medio de títulos, logros y posesiones. Aun así, siempre se vive con la dificultad o incapacidad de relacionarse adecuadamente con otros porque se piensa que en nadie se puede confiar ya que ni su propio progenitor le pudo amar lo suficiente como para permanecer constante en su vida. Los niños abandonados piensan que la culpa debe ser suya, no del padre que se va.

Todos los niños dependen totalmente de sus protectores y de que ellos les provean un ambiente sano y seguro donde puedan crecer. Cuando esto no sucede, piensan que el mundo no es un lugar seguro, que no se puede confiar en nadie y que ellos no merecen atención positiva ni cuidado o atención adecuada.

Mientras nuestra mamá aprendía a vivir en los Estados Unidos, los hijos en Colombia tuvimos experiencias que marcarían nuestro destino y romperían nuestro corazón para siempre. Nuestra madre no tenía cómo ni por qué imaginarse como actuarían aquellas personas a quiénes les cedia la difícil y delicada tarea de cuidarle sus cuatro hijos menores. Los familiares que se hicieron cargo eran padres de un hijo de edad adulta y ocho nietos que vivían aparte. Este matrimonio disponía de los medios y el espacio suficiente para tenernos el tiempo que fuera necesario. ¿Qué mal podrían hacer estas personas quienes tan amablemente se ofrecían para esta difícil tarea?

Sin embargo, durante poco menos de dos años, mis hermanos y yo soportamos condiciones de abuso físico y emocional como nunca hubiéramos imaginado. Nuestro tío proveía los recursos económicos para todas nuestras necesidades materiales, pero se mantenía distante de todas las eventualidades relacionadas con nuestro cuidado y de la disciplina que se nos impartía en su casa. Con toda seguridad no sabía lo que nos sucedía. En realidad no recuerdo haber tenido mucho acercamiento a él durante esa época. Como hombre de negocios que era, vivía sumergido en sus inversiones y muy confiadamente permitía que su esposa se encargara de la rutina diaria de sus nuevos huéspedes. Todo esto suena muy bien, excepto por los métodos que ella utilizaba para hacerlo.

Nuestra tía estableció para nosotros una disciplina muy rígida, que al no cumplir al pie de la letra, recibíamos como consecuencia un castigo demasiado severo para nuestra edad, y para cualquier edad, en realidad. El castigo corporal que imponia a cualquiera de los tres mayores, que teníamos nueve, diez y once años, incluía el siguiente ritual: Nos desnudaba, tomaba en sus manos un lazo que cuidadosamente había convertido en un látigo de unas cuatro o seis trenzas, y a cada punta le hacía un nudo. Luego sumergía el látigo en agua fría y con esta cruel herramienta mojada nos metía entre sus piernas, con la cabeza mirando para atrás, mientras nos daba latigazos en los glúteos y la espalda hasta que consideraba que era suficiente; que por lo general era hasta que teníamos la espalda morada y marcados los azotes desde el cuello hasta las piernas. Nos pegaba en lugares no muy notorios, me imagino para no tener que explicar de dónde resultaban los moretones que frecuentemente portábamos en la espalda. Por temor a mayor retaliación, ninguno contaba lo que sucedía en nuestro diario vivir.

Gracias a que aún estábamos pequeños, y a que no traíamos arrastre de abuso anterior, todos fuimos resistentes para sobrevivir esta etapa dolorosa de nuestras vidas. Sin embargo, no me cabe ninguna duda que esa época dejó huellas fuertes en nuestro corazón y nos marcó en formas muy permanentes y negativas, a tal punto que aún se manifiestan en nuestra personalidad y modo de conducir nuestras vidas. Nuestros dos hermanos mayores y nuestra madre conocieron de este abuso varios años después, cuando ya habíamos salido del cuidado tan "generoso" que el tío y la tía nos habían brindado.

Finalmente, en Mayo de 1963, los hermanos viajamos hacia los Estados Unidos para reunirnos en Miami con nuestra mamá. Un amigo de la familia que era piloto nos transportó en un avión de carga lleno de cajas con tortugas vivas. Una de nuestras tías nos empacó un pollo para compartir en el avión y felices partimos para la tierra lejana que nos vio crecer. Nos instalamos en Miami donde nuestra madre había comprado, junto con los familiares que nos habían cuidado, una enorme casa. Al ser medio dueños de la casa donde vivíamos, ellos nos visitaban a menudo y el tema del abuso físico y emocional nunca se mencionó, para no "ofender a nadie". Lo que no se comprendía ni se consideraba claramente en esa época era el daño emocional que se les estaba haciendo a los niños que experimentaban este tipo de abuso. Hoy en día, gracias a Dios y a los avances de los estudios psicológicos, esto está claro en nuestra sociedad y se remedia como tiene que ser.

En Miami las actitudes de los familiares que nos habían cuidado, cambió. La tía que había sido fuerte y disciplinaria ahora era amable y actuaba como si los castigos que nos impuso en Colombia fuesen normales o nunca hubieran sucedido. Nosotros seguimos esa corriente por ignorancia o temor, no lo sé. El tío que había sido distante y vivía ocupado, ahora por las noches visitaba a sus dos sobrinas para abusarlas, molestándonos con avances sexuales y toqueteos inapropiados. Nuestra madre, que nos creía cuando se lo decíamos, dependía demasiado de su apoyo económico como para ahuyentarlo, así que optaba por pedirle a nuestro hermano mayor que durmiera en nuestro cuarto y se mantuviera vigilante. El tío murió unos cuantos años después sin tener que afrontar ninguna consecuencia. La tía murió dos o tres décadas después, sola y en un asilo de ancianos. Estaba pobre después de haberlo tenido todo, y su final fue completamente despojado de cuidados afectivos de parte de la familia. El silencio que habíamos mantenido se rompió décadas después.

Cuando un papá decide irse de la casa por cualquier motivo, sean estos faldas o faltas, siempre deja a sus hijos carentes de protector y a la merced de otros que nadie sabe cómo van a tratar a los niños que son acogidos. Sabiendo esto y después de mis experiencias personales, siempre les digo a los adultos que están pensando abandonar a su hogar y a sus hijos, que nadie va a amar o a cuidar a sus hijos, sean varones o hembras, mejor que ellos mismos. ¡Nadie!

Nosotros como familia nos integramos de nuevo y luchamos en Miami por un tiempo, hasta que en 1965 nos fuimos a vivir a Nueva York, porque en La Florida era muy difícil conseguir trabajo. Primero se fue Álvaro, el hermano segundo en el orden de nacimiento, quien para esa época tenía diecisiete años. En esa ciudad consiguió trabajo y vivienda para la familia y luego todos partimos hacia el norte. Álvaro se convirtió en el protector y el proveedor de la familia a esa temprana edad. A él, con la edad que tenía, se le delegó una tremenda responsabilidad sobre sus hombros, pero Dios le dio la fuerza para sostenerla y salimos adelante. Como nuestro fiel Padre Celestial no se queda con nada de lo que sembramos, ha bendecido a Álvaro en gran manera.

En Nueva York nos integramos a la cultura americana. Los más pequeños nos dedicamos a estudiar y a atender los quehaceres del hogar, otros trabajaron y estudiaron y al final todos nos convertimos en profesionales productivos dentro de la sociedad. Cada uno se casó y estableció su propia familia y ha dado lo mejor de sí mismo para no repetir nuestra historia. Siempre nos mantuvimos firmes en la intención de nunca abandonar a nuestros hijos y lo logramos. En todos nosotros se cumplió el sueño americano pero no sin dolor y angustia. Para cada uno fue un proceso de lucha perseverante, sin desmayar y sin detenernos para mirar atrás.

Entiendo que se pagó un precio muy alto para lograr lo que anhelábamos. En el aspecto emocional, a ninguno se le permitió el lujo o el derecho de sentarse a lamerse sus heridas. Con debida razón nuestra mamá no daba tregua para los lamentos ni tristezas. En nuestra familia no había lugar para lágrimas y, aunque entiendo que esto dejó consecuencias con las que hemos tenido que lidiar, de muchas maneras lo agradezco, porque no crecimos como victimas sino como luchadores capaces de enfrentar y vencer las adversidades de la vida sin desbaratarnos.

La tremenda responsabilidad de nuestra madre para criarnos bien, la llenó de temores. Temor a que escogiéramos malos caminos, a que adquiriéramos costumbres perversas, a que consumiéramos drogas o nos relacionáramos con malas compañías. Esto hizo que ella se volviera muy fuerte, rígida y controladora con todos nosotros. Su lucha para criar a seis hijos bien y hacer de cada uno un hombre y una mujer de bien, mientras al mismo tiempo suplía económicamente para todas las necesidades, era innegable. Quizás por estas presiones los hijos optamos por casarnos lo antes posible para salir de la casa y de su control.

Por mi parte, me casé a los diecinueve años con un joven de veinticuatro que había conocido por seis meses. Tres años después tuvimos una niña y en ese matrimonio permanecí durante veinte años. Nuestra hija fue y sigue siendo el regalo más precioso que Dios me ha dado. La relación con mi esposo, desafortunadamente, se deterioró y terminamos divorciándonos. Con el tiempo ambos entendimos que todo lo que habíamos sufrido era por causa de no conocer al Dios quien restaura los corazones heridos y repara las relaciones rotas. Hoy sabemos que si Dios hubiera estado en nuestras vidas como Señor y Salvador, ciertamente no nos hubiéramos di-vorciado, pero en esa época, lastimosamente no lo entendimos.

Jeremías 2:13

"Porque dos males ha hecho mi pueblo: me dejaron a mí,
fuente de agua viva, y cavaron para sí cisternas,
cisternas rotas que no retienen el agua".

En el sentido natural, todo parece indicar que ya no puede haber motivo para sacar a la luz estas experiencias de nuestras vidas pasadas, que durante más de cuarenta o cincuenta años han permanecido en silencio, escondidas en nuestros corazones. Inclusive se podría pensar que ya el tiempo borró estas memorias. Sin embargo, no es coincidencia que en este momento en el mundo hay un movimiento que en los Estados Unidos y el mundo, se conoce como: *"Me Too"*, (Yo También).

Este movimiento social, liderado en su mayoría por mujeres abusadas, denuncia a todos aquellos que en el ejercicio de su mal fundado "poder", han maltratado y abusado de otras personas, principalmente mujeres y niños vulnerables. Lo han hecho y lo siguen haciendo creyéndose inmunes a las leyes y haciendo uso de un mal fundado poder. Desafortunadamente, el mundo entero se ha hecho cómplice de este abuso, permitiéndolo y hasta promoviéndolo por medio del silencio. En el mejor de los casos, acallando a las víctimas con dinero. Es hora de acabar con todo tipo y nivel de abuso y maltrato.

Uno de mis grandes anhelos es que los padres de esta generación comprendan que los hijos son un regalo sagrado que debemos proteger con nuestras vidas, si fuese necesario. Que, conscientes de esta responsabilidad, trabajemos para resolver nuestra problematica, en vez de salir corriendo hacia otros mundos, primero olvidándonos de los hijos y, segundo, repitiendo la historia cuando la situación en la nueva familia se complica.

Mencioné anteriormente que nuestro padre abandonó a sus hijos y la familia que había formado con nuestra madre, para entablar otra, la cual al cabo de algunos años también dejó para formar otra más. ¿Por qué? Porque el problema no eran los demás, sino que comprendía asuntos internos e intrínsecos en él, con los cuales era necesario que lidiara personalmente. Sin embargo, él decidió no hacerlo, porque era más fácil salir corriendo pensando que en otro lado encontraría prados más verdes. Por causa de esas decisiones, fue dejando por donde pasó un legado de abandono, dolor, tristeza y una carencia total de paternidad.

Finalizo este fragmento de mi testimonio buscando entender a mi progenitor, en el sentido de aclarar que todo lo que él hizo también tenía su causa. La Palabra de Dios dice que no hay maldición sin causa (Proverbios 26:2). Él nació como un hijo ilegítimo alrededor de 1925. Esta fue una época en que los hijos nacidos en tales circunstancias no eran aceptados por sus familias ni por la sociedad donde nacían. Él creció sin paternidad, en un hogar disfuncional y experimentó muchísimo rechazo durante sus años de formación. Ahora comprendo que lo que él le propició a los hijos que engendró, no era otra cosa que su propia disfuncionalidad y total carencia de paternidad; la que encubrió muy bien haciéndose un hombre muy educado, culto y próspero, y así poder acomodarse en la sociedad que de niño lo marcó con el rechazo.

Capítulo 3

Dios Instituye El Matrimonio y La Familia

El árbol de la vida que se menciona en Génesis, era un árbol que daba vida como lo indica su nombre. La vida que Adán disfrutaba en el Edén (Jardín de Dios y placer) no es el mismo estilo de vida que conocemos hoy, claro está. El Padre diseñó el paraíso como un lugar perfecto, con vida abundante, agradable y sin término. La idea era que en ese lugar Adán, su esposa (aun por conocer) y su descendencia (aun por procrear) mantuvieran su residencia, pero no pudo ser así.

Génesis 2:15 – 17

*"Tomó, pues, Jehová Dios al hombre,
y lo puso en el huerto de Edén, para que lo labrara
y lo guardase. Y mandó Jehová Dios al hombre,
diciendo: De todo árbol del huerto podrás comer;
más del árbol de la ciencia del bien y del mal no comerás;
porque el día que de él comieres, ciertamente morirás".*

Seguramente, con el curso del tiempo la relación paternal entre el Padre y Adán se intensificó en calidad y frecuencia. Se amaban, Dios lo guiaba y le había dado acceso a todo lo creado. Él solamente le había establecido un límite, una prohibición: No comer del Árbol de la Ciencia del Conocimiento del bien y del mal (Génesis 2:9).

Obedeciendo este mandato, todo estaría bien, de lo contrario, *"El día que comieres, ciertamente morirás"*. Comparado con todo lo que le entregaba, la petición de abstenerse de comer de un árbol era aparentemente sencilla. Adicionalmente, Dios tenía más para Adán porque había establecido que no era bueno que estuviera solo:

Génesis 2:18

"Y dijo Jehová Dios:
No es bueno que el hombre esté sólo;
le haré ayuda idónea para él"

Génesis 2:21-25

"Entonces Jehová Dios hizo caer sueño profundo sobre Adán,
y mientras éste dormía, tomó una de sus costillas,
y cerró la carne en su lugar.
Y de la costilla que Jehová Dios tomó del hombre,
hizo una mujer, y la trajo al hombre.
Dijo entonces Adán:
Esto es ahora hueso de mis huesos y carne de mi carne;

ésta será llamada Varona, porque del varón fue tomada.
Por tanto, dejará el hombre a su padre y a su madre,
y se unirá a su mujer, y serán una sola carne.
Y estaban ambos desnudos, Adán y su mujer,
y no se avergonzaban".

Al crear Dios a la compañera de Adán, diseñó el Matrimonio e instituyó la *familia*. Cuando un hombre y una mujer toman la decisión de dejar a su padre y a su madre para unirse y convertirse en una sola entidad, están formando una familia, y Dios bendice las familias del mundo debido a que hay propósito en ello.

Seguramente Adán compartió con su compañera todo lo que *Abba* (palabra en hebreo que significa Papito) le había instruido que hiciera o dejara de hacer. En particular, les había dicho que había un árbol del que no podían comer y que de hacerlo sus actos tendrían consecuencias negativas. Este poderoso varón debió haberle mostrado a su preciosa compañera el paraíso lleno de majestuosa belleza y abundante provisión. Con toda seguridad ambos disfruta-ron momentos hermosos entre sí y con el Padre.

El Paraíso no solo era la residencia para Adán y su compañera Eva, era también el lugar de Dios. El lugar donde Dios paseaba. ¿Cuantas veces durante esos paseos por el huerto no se habría encontrado el Padre Celestial con sus hijos, con el fin de impartirles conocimiento y sabiduría de su esencia?

Génesis 3:8

*"Y oyeron la voz de Jehová Dios
que se paseaba en el huerto, al aire del día"*.

El deseo del Padre era que, como resultado de la relación y del conocimiento que adquirieran acerca de Su corazón y buena voluntad hacia ellos, la pareja aceptara vivir bajo la Ley Divina con el objetivo de que estuvieran bien. Todo porque discernían que esto era bueno, agradable y perfecto para ellos; mas no porque se sentían obligados. Esta decisión refleja el entendimiento de que al per-manecer cerca del Padre Creador, ellos dos podrían ser enseñados, disciplinados y guiados por medio de una relación paternal. El cui-dado que recibirían era afirmado por el amor más perfecto que se conoce. El amor de Abba es incondicional y sin variación, tiene propósito, orden, dirección y es eterno. No cambia ni tiene fin.

Tanto aquí en la Tierra como desde el cielo, la única manera de impartir paternidad a otro es por medio de una relación íntima, consagrada y saludable. La relación necesita ser exclusiva y de mutuo compromiso. Como con el papá natural, nuestra relación con Abba necesita ser exclusiva, constante, fiel y sincera. No hay otro modo.

Lo que sucede es que cuando las personas no crecen con un papá, entra a operar un espíritu de orfandad y abandono que impide recibir el amor y la paternidad incondicional que el Padre Celestial quiere impartirles. En nuestro limitado entendimiento no alcanzamos a reconciliar el hecho de que si nuestro padre terrenal, de carne y hueso –y podíamos ver-, no nos pudo amar (si me hubiera amado no me hubiera abandonado), ¿cómo pues lo hará aquel que no podemos siquiera ver? Por esta razón se hace muy difícil aprender a relacionarse con el Padre de los cielos –a no ser que reciba la <u>revelación</u> acerca de la importancia de recibir la paternidad para su sanidad interior y permita que entre Jesús en su corazón.

Para Dios es fundamental que sus hijos terrenales se sientan amados y que su caminar por la vida sea de una constante transformación y continua purificación de su Alma. Este proceso solamente se logra por medio de la relación con Él y es de nunca acabar, mientras estemos sobre este plano. La meta es "llegar a la estatura del Varón Perfecto", quien es Jesucristo. Muchos intentan ser como Cristo tratando de eliminar de sus vidas una lista de pecados, pero esto no es lo que nos hace como Él. Tampoco se logra por medio de la imitación o la determinación, debido a que las cosas del Espíritu no se consiguen por medio de métodos. Lo que la Palabra de Dios dice es que debemos mirarnos como con un espejo espiritual. Esto es, "contemplando y reflejando a Cristo Jesús". Primero, como con un espejo, recibimos la imagen de Jesús, es necesario tener en cuenta que para recibir la imagen el espejo debe estar limpio y descubierto. Segundo, debe estar mirando en la dirección correcta, además de tener suficiente luz. No debemos estar mirando las circunstancias del mundo, cualesquiera que sean, sino enfocarnos solamente en Cristo. Tercero, se debe estar dispuesto no solo a recibir la imagen sino también a retenerla –con el corazón puesto en Jesús-. Finalmente, hay que reflejarla porque esta se convierte en una naturaleza impartida.

Solo Dios transforma por medio del Espíritu Santo en nosotros. Todos los que somos padres o madres podemos identificarnos con este deseo de tener nuestros hijos cerca, para guiarlos y enseñarlos por los caminos correctos. Deseamos desarrollar apegos duraderos con nuestros hijos y que ellos aprendan que pueden contar con sus padres y confiar en ellos toda la vida, de manera incondicional. Ese deseo que tenemos para con nuestros hijos es el mismo modelo de Dios para con sus hijos y de ese modelo hemos aprendido estas lecciones.

A pesar de que en su corazón está la latente intención de relacionarse con su Creación y de que pueda llamar *hijos* a sus criaturas, Él no interfiere en la vida del hombre sino se le da el derecho legal. No lo hace ni aun sabiendo que el camino que el hombre ha escogido está equivocado y no es el correcto para su propio bien. Aunque en su anhelo de cuidarnos Él envía señales mostrando el camino correcto, pero debido a nuestra independencia hacemos caso omiso de estas señales. Es por esta razón, para afirmar nuestra decisión, que debemos confesar nuestra intención de permitirle influenciarnos. Él, sin nuestra autorización, aunque quiera, no interviene por causa de que nos dio Libre Albedrío. A pesar de su soberanía sobre toda la Creación, Él mismo se sujetó a cumplir con Su palabra –la cual es la máxima autoridad sobre la Tierra.

Mateo 24:35

Reina Valera Contemporánea (RVC)

*"El cielo y la tierra pasarán,
pero mis palabras no pasarán".*

Por lo tanto, si en su Libre Albedrío la persona decide no aceptar la voluntad del Padre (la cual es que todos vamos a Él), y no reconocer a Jesús como Señor y Salvador (quien dio su vida para librarnos de todo pecado y nos abrió el camino al Padre), dicha persona no entrará a la *eternidad* con ellos. Espiritualmente hablando, todos somos *seres eternos*, como lo es cualquiera de las tres personas de la Trinidad y como lo es el diablo. Cuando se cumple nuestro tiempo en la Tierra, nuestro espíritu va a la eternidad y permanece en el Reino que escogió servir –Dios o el diablo-. No existe un estadio temporal, porque la oportunidad de tomar esas decisiones nos es dada aquí, en la Tierra.

Esa persona NO entra a la eternidad con Dios, no porque el Padre Celestial no lo haya convidado, sino porque la persona decide no tener parte con Él, quien es el propietario del lugar donde se han preparado muchas moradas para cada uno de los invitados que aceptan asistir a Su fiesta. No existe otro reino ni otro camino, solamente dos caminos. Cada uno decide si le sirve a Dios o si le sirve a Satanás, su contrincante. Esta decisión es personal y cada quien cree y actúa según su *voluntad* o *conciencia*, que es la que lo guía. Claro, con las correspondientes consecuencias.

De esta manera, y haciendo uso del Libre Albedrío, Adán y Eva desobedecieron comiendo del árbol de la ciencia del bien y del mal. Aunque instigado por Eva, fue a Adán a quien se le entregó el rol de líder en el Jardín y en la relación. Fue a él a quien posteriormente Dios le pide cuentas de lo que ha hecho y le pregunta, *¿dónde estás tú?*

Génesis 3:9-11

"Más Jehová Dios llamó al hombre, y le dijo:
¿Dónde estás tú?
Y él respondió: Oí tu voz en el huerto, y tuve miedo,
porque estaba desnudo; y me escondí.
Y Dios le dijo:
¿Quién te enseñó que estabas desnudo?
¿Has comido del árbol de que yo te mandé no comieses?"

Quisiera imaginarme por un momento el estruendo espiritual que tomó lugar cuando el "Omnisciente" le pregunta a Adán *¿Dónde estás tú?* Una pregunta que más que interés por conocer el lugar donde se escondieron, tenía que ver con la condición de su corazón.

También a nosotros, a ti y a mí, Dios nos pregunta, *¿dónde estás tú?* ¿Dónde se encuentra hoy tu corazón para el Señor? El Padre Celestial está muy interesado en conocer si estás ocupado buscando Su presencia o entretenido en el mundo, huyéndole, sordo a

Su llamado, y divagando sin dirección precisa. Está interesado porque nos ama y anhela que nadie se pierda.

Juan 3:16
Reina Valera 1960

*"Porque de tal manera amó Dios al mundo,
que ha dado a su hijo unigénito,
para que todo aquel que en él cree,
no se pierda, mas tenga vida eterna"*.

¿Dónde estás tú? Es una pregunta diseñada para que profundicemos y meditemos en nuestro interior. Es tiempo de hacer una pausa para determinar cómo te defines a ti mismo: como un "hijo del mundo", plantado sobre la tierra con el único fin de nacer, crecer, reproducirse y morir; y, en el proceso, adorándose a sí mismo y a dioses falsos. O, como un Hijo del Dios Altísimo, lleno del pode-roso Espíritu Santo que lo conecta no solamente con el Padre sino con su diseño y su destino. Es tiempo de mirar e indagar en el fon-do de nuestro ser, haciendo una concienzuda introspección, con el fin de determinar si nos hemos escondido por causa de los apegos al mundo y no reconocemos que necesitamos

permitirle a Cristo Jesús ser nuestro Señor y Salvador. La Palabra dice: "*...y amarás al Señor tu Dios de todo tu corazón, y de toda tu mente, y con todas tus fuerzas*". Deuteronomio 6:5.

El Matrimonio que Dios creó

Como ya lo vimos, Dios creó al hombre y a la mujer para que no estuvieran solos sino para que se multiplicaran procreándose. Para que compartieran y nutrieran a sus hijos. Así diseñó el sistema familiar, por medio del cual el hombre llenaría la Tierra mientras el Padre la cubre con Su presencia. La intención de Dios para la familia es que sea compuesta de un varón y una hembra y que tengan hijos, que se desarrollen dentro de una estructura saludable, amante de Dios y con principios bíblicos. Durante el proceso de crecimiento y madurez, a cada miembro de esta estructura familiar se le propende la oportunidad de desarrollar sus virtudes únicas y singulares; así como su química biológica, sus mentes y sus corazones sean nutridos.

En el seno de la familia, cada miembro desarrolla apegos saludables que promueven las relaciones y afirman los pactos. Pacto con Dios, primeramente, y de unos con otros, después. Dentro de la familia debe existir un pacto entre el esposo y la esposa, entre los padres y los hijos y uno más entre los hijos y los padres. Así. la manifestación de la bendición estará presente.

Bien sabemos que los conceptos y pilares fundamentales del matrimonio y la familia han sido desvirtuados en la sociedad actual y no siempre se honra el matrimonio que se conforma de acuerdo al Diseño Original. Un alto porcentaje de este fenómeno lo podemos atribuir a la falta de conocimiento. Esto sucede porque al desobedecer el hombre (representados en Adán y Eva) a Dios, se apartó de la gracia, se volvió rebelde y necesita ser redimido.

Es por causa de la rebeldía que los principios bíblicos establecidos por Dios han sido modificados de tal forma que la sociedad acepta la erradicación de verdades bíblicas. Es por esta razón que hoy en día se niega la realidad antropológica de que el hombre y la mujer se complementan y se necesitan para la reproducción; que los niños necesitan un papá y una mamá. Los valores acerca del matrimonio se consideran pasados de moda, de manera que para modernizar las nociones de familia y matrimonio, la nueva sociedad propone desconectarse de Dios.

Con el fin de revisar los principios que protegen la familia, la sociedad ha tornado sus creencias hasta llegar a pensar que el matrimonio no es más que una unión sustentada por la intensa emoción entre dos, o más adultos que lo conciben y lo consienten sin importar si el encuentro es de tipo sexual, platónico, exclusivo, abierto, temporal o permanente. Lógicamente, arreglos de este tipo dejan al matrimonio y a la familia sin forma o propósito social, y a los hijos que resultan de esta clase de encuentros pasajeros, como cargas abandonadas que el gobierno debe sustentar. Los niños se forman sin esperanza ni futuro sano porque desde que nacen se les va a negar el beneficio de la paternidad, la seguridad y estabilidad que el seno de una familia sana y funcional puede proveerles.

El verdadero debate yace en un nivel más profundo. Vivimos en una era de confusión cultural sin precedentes. Las familias están en decadencia, los niños son abusados, las mujeres y los hombres sufren violencia doméstica en proporciones epidémicas, las parejas se casan, los matrimonios se divorcian, se vuelven a casar, forman lazos, se dividen, los esposos y las esposas son infieles, todo mientras cargan enormes cantidades de bagaje personal. Hoy en día tenemos familias rotas, familias compuestas y familias disfuncionales.

La familia nuclear tradicional, aquella en la cual el papá trabaja mientras la mamá permanece en el hogar cuidando de sus hijos, es hoy en día una estructura familiar que rápidamente está perdiendo forma y figura. Ahora en la sociedad intentamos recoger los pedazos y crear para nuestras vidas puntos de vista sin Dios y sin esperanza, creyendo equivocadamente que así tendremos más éxito. ¡Con razón las piezas no empatan y las familias perecen!

Esta pareja de humanos fue hecha distinta a todas las otras parejas de animales a las que Adán nombró, debido a la forma peculiar con la que Dios formó a Eva, muy diferente a la manera como concibió a Adán, aunque declaró a los dos una sola carne. Intencional e implícitamente, el diseño incluía el hecho de que ni separados de Dios, ni el uno del otro, estarían bien. Fuimos creados para pertenecer, no para estar solos. Esta familia debía vivir integrada en matrimonio y conforme a la voluntad de Dios. Así Dios determinó la bendición y el diseño para el hombre y la mujer, y estableció también la estructura social saludable, desde donde el fruto de esas relaciones podría estar protegido y crecer para ser productivo.

Es dentro de este tipo de sistema familiar que cada miembro es recompensado con compañía, con sentido de pertenencia, con un lugar donde desarrollarse y florecer, de poder contar con un par de padres –hombre y mujer- que lo amen de manera incondicional y lo guíen a una madurez no solamente física, sino también emocional, intelectual y espiritual. En ese nido familiar, cada persona es creada y posicionada para desarrollar sus virtudes únicas y específicas. Es tan perfecto el modelo, que aún es la química biológica de papá y mamá la que le permite nutrir y desarrollar la identidad sexual, libre de confusión y con apegos saludables, para que desde allí, en el futuro, cada uno logre formar sus propias relaciones sanas y perdurables. Cada miembro en el hogar y dentro de esta estructura es enseñado, perdonado una y muchas veces y tratado con amor y compasión. Los padres tienen la responsabilidad y la oportunidad de participar, de forma directa, en la formación integral de cada uno de sus hijos.

En un ambiente como este es que los hijos pueden empezar y completar cada una de las etapas del desarrollo, además de continuar hacia el siguiente nivel de una manera saludable y exitosa. Los individuos que pertenecen a un sistema familiar sano, pueden crecer juntos y sobrellevar las pruebas y las tribulaciones de la vida, permaneciendo unidos, casados (si es lo que escogen) y en familia.

Este escenario ideal sucede no solamente cuando se está en pacto con Dios, con la pareja y consigo mismo, sino también porque se reconoce que es dentro del contexto familiar donde cada miembro puede ser recompensado emocional, financiera y socialmente, tanto a corto como a largo plazo.

Desafortunadamente, vivimos en medio de un mundo de huérfanos; hombres y mujeres que por falta de paternidad, caminan por la vida sin identidad, alterados emocionalmente por causa del dolor, el quebrantamiento y el sentido de pérdida y abandono. Aunque creados poderosos para vencer los retos que el diario vivir presenta, andamos sin poder reconocer quiénes somos, qué poseemos, lo que representamos y por qué y para qué fuimos puestos sobre esta tierra.

Abraham Maslow, un destacado psicólogo norteamericano del siglo veinte, desarrolló la Jerarquía de Necesidades y su respectiva pirámide de cinco etapas. Con la pirámide, Maslow describe el orden en que el hombre presenta sus necesidades y la motivación que tiene para cumplirlas. Estas necesidades humanas básicas se deben suplir de manera adecuada y oportuna para que el individuo crezca física, emocional, mental, espiritual y socialmente saludable.

En su primera etapa, por ejemplo, un bebé necesita que sus necesidades fisiológicas, como ser alimentado, dormir, respirar, e identificarse con sus protectores, sean provistas. De esta manera podrá desarrollarse saludablemente y escalar hacia la próxima etapa. Cuando sus progenitores no lo cuidan como necesita, este bebé escala hacia la próxima etapa porque los años suman y así las personas pasan de ser bebes a niños, a adolescentes, a jóvenes, a adultos y a ancianos, pero lo hacen con marcadas deficiencias, en mayor o menor grado, según los cuidados que se le otorguen o se le priven. Este importante y necesario ser humano no va a lograr desarrollar su identidad y le costará mucho creer que su vida y lo que hace es valioso y tiene propósito.

A esta personita le será muy difícil cumplir con la plenitud del diseño esbozado para su vida, a no ser que se rinda a Jesucristo y lo haga su Señor y Salvador y, como consecuencia, haya una Intervención Divina de Sanidad Interior, como las he visto suceder numerosas veces entre los hijos de Dios.

John Bradshaw, en su libro, *Homecoming: reclaiming and healing your inner child* (Volver a Casa: Reclamando y Sanando su Niño interior) lo dice así:

- La *Esperanza* resulta cuando un <u>recién nacido</u> siente un mayor sentido de <u>confianza</u> que de <u>desconfianza</u> en sus protectores.

- La *Voluntad* resulta cuando <u>en sus primeros años</u>, en su lucha por separarse y nacer psicológicamente, un niño obtiene un mayor sentido de <u>autonomía o emancipación</u> que de <u>vergüenza y duda</u>.

- El *Propósito* resulta cuando <u>desde los años escolares, un niño</u> desarrolla un mayor sentido de <u>industria y creatividad</u> que de <u>inferioridad</u>.

A partir de estas premisas podemos apreciar el valor y la importancia de los primeros años de un ser humano. Esta es una etapa importante durante la cual el amor y el buen cuidado, los apegos sanos y las atenciones oportunas y dedicadas hacia una personita pueden, o no, ayudarlo a convertirse en un adulto saludable y productivo, capacitado para desarrollar y entregarle a la humanidad todo el potencial que el Padre puso dentro de ella o de él.

El Padre Celestial comienza por revelarnos quiénes somos en Cristo Jesús y por qué y para qué estamos en la Tierra. La única condición es que necesitamos indagarlo en Su corazón y esta bendición se logra por medio de nuestra comunión y relación íntima con Él.

Podemos apreciar en este capítulo cómo este libro enfatiza el hecho de que nos debemos acercar a Dios para buscar las cosas que no sabemos o que no entendemos. La razón para este énfasis es que necesitamos aprenderlas. El pueblo perece por falta de conocimiento. Lo importante aquí es mantenernos enseñables. ¡Pregúntale, que Él te quiere hablar hoy!

Jeremías 3:33
Reina Valera 1960

"Clama a mí, y yo te responderé,
y te enseñaré cosas grandes
y ocultas que tú no conoces".

Testimonio Personal
El Diseño intervenido en mi Vida

En la primera parte de mi testimonio expuesto en los capítulos anteriores, escribí acerca de mi experiencia como niña y joven adulta. Describí mi experiencia con mis padres y su divorcio y cómo este evento afectó a todos los hermanos. Narré un poco cómo transcurría nuestra vida desde muy pequeños y cómo en mi familia lidiamos con nuestras luchas desde muy temprana edad. Finalmente mencioné mi matrimonio y el posterior divorcio.

Asumo total responsabilidad por mis decisiones como una joven adulta. Confieso que por ignorancia total acerca de los asuntos espirituales, opté por vivir sin Dios a pesar de que en repetidas ocasiones varias personas me hablaron de Él. Entiendo que fue un error no aceptarlo para hacer Su voluntad. Equivocadamente utilicé mi Libre Albedrio para rehusar conocer de qué se trataba este evangelio de buenas nuevas. Lo hice porque estaba aferrada al mundo y lo que ofrece, como muchos lo hemos hecho, aunque acarree dolor y deje marcas profundas en el corazón.

Yo, como muchas personas, me conformé con lo que la vida ofrece a pesar de todo el dolor, la tristeza y los sinsabores que produce. Pensé, muy equivocadamente, que caminar con Cristo sería someterme a una vida religiosa, aburrida, llena de carencias y de burla. Sentía que necesitaba una preparación moral y estar libre de pecado, lo cual es una mentira de la cual el mundo convence. Jesús nos recibe tal y como estamos; llenos de pecado, de maldad o de ignorancia porque Él es el que cambia, sana, transforma el corazón y libera la mente. Si el Hombre pudiera hacerlo sin Dios, ya lo hubiera logrado. Citando la palabra de Dios en Marcos 2:17, que dice: *"Los sanos no tienen necesidad de médico, sino los enfermos. No he venido a llamar a los justos, sino a los pecadores"*.

Pienso que por causa de no tener a Dios en mi Vida me divorcié de mi primer esposo como lo mencione anteriormente. Sé y reconozco que si yo hubiera sido más dócil y sensible a Su llamado cuando vivía con tanta tristeza y soledad, y hubiera respondido a su voz, con seguridad no me separo porque dándole la oportunidad, El Padre Celestial hubiera restaurado nuestro matrimonio y salvado nuestra familia del dolor que un divorcio ocasiona.

Nunca destruir una familia es la mejor opción. Cuando esto sucede, todo el mundo pierde, incluyendo los hijos, o mejor dicho, especialmente los hijos. Sin embargo, después de veinte años de matrimonio sentíamos que las heridas que cada uno de nosotros llevaba en su corazón eran irreparables y que no había otra solución a nuestra problemática.

No entendíamos nada acerca de lo sobrenatural de Dios. No sabíamos que Dios toma nuestros infortunios, frecuentemente causados por nuestra propia decisión de vivir independiente de Él y los convierte en poderosos mensajes que salvan, sanan y restauran vidas. Yo no sabía que Dios ya me conocía y por nombre propio me llamaba.

Así, sin Dios, al cumplir mis cuarenta años me divorcié y como estaba viviendo en Colombia, regresé a los Estados Unidos para empezar una nueva vida. Lo que no sabía es que habría de experimentar muchas otras calamidades porque dejaba atrás mi matrimonio, pero de seguro llevaba dentro de mí una dolorosa carga de amargura, soledad, tristeza, abandono, rechazo y baja autoestima. Muy sola y muy triste, comencé una nueva vida de trabajo, desarrollo personal y de restauración, pero otra vez, a mi manera.

1 Corintios 1:26-31

"Pues mirad, hermanos, vuestra vocación,
que no sois muchos sabios según la carne,
ni muchos poderosos, ni muchos nobles;
sino que lo necio del mundo escogió Dios,
para avergonzar a los sabios;
y lo débil del mundo escogió Dios,
para avergonzar a lo fuerte;
y lo vil del mundo y lo menospreciado escogió Dios,
y lo que no es, para deshacer lo que es,
a fin de que nadie se jacte en su presencia.
Mas por él estáis vosotros en Cristo Jesús,
el cual nos ha sido hecho por Dios sabiduría,
justificación, santificación y redención;
para que, como está escrito:
El que se gloría, gloríese en el Señor",

El problema radica en que buscamos hacer las cosas a nuestro modo e insistimos en ello pensando que ya no nos vamos a equivocar. El asunto es que en nuestro interior está el arrastre de dolor que hemos acumulado en el caminar por la vida y éste no se hace más liviano sino más pesado con el pasar de los años. Así, yo no solamente portaba la Maleta de Dolor causado por mis propias experiencias, sino también las que adquirí de mi Familia de origen y las que acumulé durante los veinte años de matrimonio y por el caminar del destino.

Claramente la Maleta Espiritual se había vuelto pesada y difícil de cargar, pero así y todo pensé que para mí podría haber restauración sin Dios. Ahora sé que esto no era posible porque andaba a ciegas esperanzada en que la próxima sería la vencida y no iba a fracasar de nuevo, aunque seguía en tinieblas. Yo no entendía que ni yo ni la próxima persona en mi vida, podía tener alguna luz para alumbrar el camino, a no ser que estuviera Cristo con nosotros. No había luz en mí porque yo no conocía la luz, así que seguí mi camino, a ciegas.

Juan 8:12
Jesús, la luz del mundo

"Otra vez Jesús les habló,
diciendo: Yo soy la luz del mundo;
el que me sigue, no andará en tinieblas,
sino que tendrá la luz de la vida".

En ese Caminar conocí al que es hoy en día mi esposo. Un colombiano que también se había separado de su esposa, que también había sido abandonado por su papá, que también tenía su arrastre de rechazo, abandono, ira, dolor, tristeza, y más… Además, y como si fuera poco, anestesiaba su angustia con alcohol. Esta combinación, como se pueden imaginar, se traduce en un desastre seguro y pocos años después ambos estábamos listos para otro divorcio.

El Diablo seguía haciendo de las suyas en mi vida. Además, ganaba terreno, porque ahora éramos dos. Yo le había dado el derecho y la autoridad de robar, matar y destruirme, pues como lo mencioné anteriormente, con nuestras decisiones o le damos derecho legal a Dios de intervenir o se lo damos al diablo, príncipe de tinieblas. Como solo existen dos reinos y yo rechazaba el Reino de Dios, por defecto pertenecía al reino de las tinieblas donde Satanás gobierna. Se le conoce como el príncipe de este mundo.

Independientemente de que estas decisiones fuesen tomadas por ignorancia, nos clasificaban como hijos de desobediencia y siervos del príncipe de este mundo, gobernador de las tinieblas. Lo que no entendíamos es que bajo ese gobierno no hay luz ni hay paz ni hay gozo para nadie. Lo que sí hay en abundancia es ceguera espiritual, tinieblas y caminos de perdición que incluyen mucha destrucción y muerte, porque aunque respiramos, en nuestro interior hay muerte y un destino no deseable trazado.

Esta era nuestra realidad. Ambos anhelábamos ver cosas diferentes para nuestras vidas y que nuestro nuevo matrimonio funcionara para poder ser felices individual y conjuntamente. El problema radicaba en el hecho de que pretendíamos lograrlo haciendo lo que siempre habíamos hecho y esa es una de las definiciones de la insensatez. ¡No lo íbamos a lograr! En medio de nuestra desesperación y angustia, nos vimos en la necesidad de buscar cambios y, una vez más, Dios Padre acudió al rescate.

A mi esposo le habían presentado el plan de salvación seis veces en su vida adulta y las seis veces lo había rechazado. En seis diferentes oportunidades, por medio de un amigo de su infancia que le sirve al Señor. Dios le había llamado a separarse del mundo para seguirlo a Él. A este amigo se lo había encontrado en diferentes lugares. Varias veces se encontraron "por casualidad" en aviones en diferentes continentes, en reuniones con personas que conocían en común, hasta en un avión en los cielos de Europa, pero siempre lo había rechazado de manera cortés.

Solo que ahora era diferente, debido en gran medida a que tanto Luis, mi esposo, como yo estábamos tocando fondo. Nos encontrábamos perdidos sin Dios y nos sentíamos sin esperanza. Allí, en esa condición, El Padre Celestial nos rescató. Esta vez, unidos y reconociendo que necesitábamos un Salvador, voluntariamente le entregamos nuestra vida al Padre Celestial, cuando nos volvieron a predicar el Evangelio de las Buenas Nuevas que anuncia la Paz. Desde ese lugar de desesperación y quebranto, Dios nos empezó a levantar.

Capítulo 4

El plan de Dios Intervenido

Desobediencia del Hombre
Génesis 3:1-6

*"Pero la serpiente era astuta,
más que todos los animales del campo
que Jehová Dios había hecho;
la cual dijo a la mujer: ¿Conque Dios os ha dicho:
No comáis de todo árbol del huerto?
Y la mujer respondió a la serpiente:
Del fruto de los árboles del huerto podemos comer;
pero del fruto del árbol que está en medio del huerto,
dijo Dios: No comeréis de él, ni le tocaréis,
para que no muráis.
Entonces la serpiente dijo a la mujer:
No moriréis;
sino que sabe Dios que el día que comáis de él,
serán abiertos vuestros ojos,
y seréis como Dios, sabiendo el bien y el mal.
Y vio la mujer que el árbol era bueno para comer,
y que era agradable a los ojos,
y árbol codiciable para alcanzar la sabiduría;
y tomó de su fruto y comió; y dio también a su marido,
el cual comió así como ella"*.

En ese mismo lugar, en medio del Jardín, estaba el Árbol de la Ciencia y del Conocimiento del Bien y del Mal. Aunque Dios había puesto ese árbol en medio del Jardín, no le otorgó a la pareja libertad para comer de éste, sino de todo otro árbol. En ello fue muy preciso. Debían trabajar y gobernar sobre el paraíso completo; gozaban de acceso a Su presencia de manera continua; y debían obedecer la única restricción que les puso.

Sin embargo, no la obedecieron: solo de un árbol señalado no podían comer porque al hacerlo, al querer hacer la voluntad de ellos y no la del Padre, se saldrían del manto protector que Dios había puesto sobre ellos. Adán y Eva tenían que decidir entre escuchar únicamente la Voz de Dios, y así honrar Su buena voluntad, o escuchar voces externas y desobedecerle. Al escoger no someterse, tendrían que asumir la consecuencia de morir como les había sido anunciado. Veamos qué significaba para ellos este morir.

Génesis 3:7-9

"Entonces fueron abiertos los ojos de ambos,
y conocieron que estaban desnudos;
entonces cosieron hojas de higuera,
y se hicieron delantales.

Dios no miente. Si Él lo dice lo cumple y así fue. Adán y Eva comieron del Árbol y por lo tanto tenían que morir. El pecado de desobediencia trajo como consecuencia la Muerte Espiritual y eventualmente la Muerte Física. La Muerte Espiritual implicó la separación de Dios –ser desterrados del paraíso-, porque Dios puso un ángel en la puerta del Edén para que no volvieran a entrar.

Perder todas las bendiciones incluía:

- El Favor y la Gracia del Padre.
- La Vida Eterna.
- La relación con Él.
- La Salud y la Paz.
- La Autoridad sobre la Creación.

- El Dominio sobre la Creación.

- El Derecho a Gobernar sobre la Tierra. –porque se lo cedieron al que los engañó.

Ese día también tuvieron que enfrentar otra consecuencia: El diablo, quien los engañó convenciéndolos de que serían como Dios, ahora les quitaba las llaves de autoridad que el Padre le había entregado a Adán para que gobernara. Ahora Satanás, por un tiempo, tomaba la autoridad sobre la Tierra y los hombres –esto explica el porqué de tanta maldad y tanto sufrimiento en la vida.

Con esta tragedia humana se dividió la historia de los hombres en dos: El hombre en el Paraíso y el hombre expulsado del Paraíso. Esta pareja terminó escondiéndose, avergonzados e inclinados a la independencia y la rebeldía. Ahora, caminaban con el diseño original trocado por Satanás por un anti-diseño con el fin de robarles las Bendiciones que Dios tenía para todos sus hijos, incluyendo la tuya y la mía. No estaban bien, porque nunca un hombre expulsado caminará mejor que uno posicionado. El Padre los posicionó en el Paraíso con autoridad y gobierno, les dio abundantes riquezas, salud y belleza; los acompañaba, los guiaba y les enseñaba, los sostenía con su diestra. "No temas, porque yo estoy contigo; no desmayes, porque yo soy tu Dios que te esfuerzo; siempre te ayudaré, siempre te sustentaré con la Diestra de mi Justicia". (Isaías 41:1).

El día que comieres ciertamente morirás

Después de que Dios compartió con ellos y les dio cuidado pastoral sin que ellos hicieran nada para merecerlo o ganarlo, los unió como una familia; les regaló el placer sexual para que se multiplicaran haciendo hijos y disfrutándose a sí mismos. Con todo, Adán y Eva decidieron escuchar voces extrañas. Al desobedecer, se hicieron merecedores de la consecuencia anunciada: *Morir*. Quizás no era fácil para ellos entender qué exactamente significaba morir. La muerte para el hombre no formaba parte del Diseño Original, ocurrió como consecuencia del pecado.

Este *morir* no era únicamente la Muerte Física la cual experimentarían eventualmente, sino que los entraba a un ámbito que para ellos era inimaginable porque no lo conocían y ciertamente no lo entendían. El castigo incluía la Separación Espiritual de Dios, la desaprobación del Padre –lo que traduce en una Muerte Espiritual (*"¿Has comido del árbol que yo te mandé que no comieses?"*). La transformación de su condición de santos habitando en la Presencia de Dios, a seres desterrados del jardín y separados no era poca cosa –implicaba una pérdida que no se podía tomar con desdén como si fuera poca cosa. Esta nueva *Vida* trajo consigo el tormento de la enfermedad física, emocional y espiritual; el tener que soportar con dolor las maldiciones que Dios impuso sobre la Tierra; vivir todas las circunstancias adversas que ellos experimentarían como hombre y mujer habitándola, pero sin Dios.

Ambos a partir de esa decisión tendrían que vivir bajo la manifestación continúa de su naturaleza terrenal y natural que a la vez comprometía a la raza humana por todas las generaciones venideras, hasta el día de hoy. Satanás había sido expulsado del cielo después de que, por causa de su belleza, se llenó de orgullo haciendo que ya no fuese Santo. Él pretendía recibir la adoración que le corresponde solamente a Dios. Desechado del cielo, se encontraba en el Edén ya no como un ser angelical y perfecto, sino como un ser caído. A Eva se le presentó en forma de serpiente porque las serpientes andan por los jardines. Aunque no se inventa nada, es experto en mentir, engañar y sabe distorsionar el Plan de Dios para sus Hijos y en crear anti-diseños. No podemos engañarnos desconociendo o pretendiendo ignorar que el Reino de las Tinieblas existe, que está bien organizado, que también es sobrenatural, poderoso y eterno, pero nunca más que el Reino de Dios; esa es la diferencia.

Isaías 14:12-14

"¡Como caíste del cielo, oh Lucero, hijo de la mañana!
Cortado fuiste por tierra, tú que debilitabas a las naciones.
Tú que decías en tu corazón:
Subiré al cielo; en lo alto, junto a las estrellas de Dios,
levantaré mi trono, y en el monte del testimonio me sentaré,
a los lados del norte; sobre las alturas de las nubes subiré,
y seré semejante al Altísimo!".

Tal y conforme les anunció Dios, y contrario a lo que les aseveró el diablo, por primera vez desde que habían sido creados y Plantados sobre el Huerto, este hombre y esta mujer morían de desconcierto, de tristeza, de vergüenza, de dolor, y quizás hasta de temor santo porque se veían en la obligación de tener que aprender a vivir sin el Padre que con tanto amor los Creó y los Cuidó. Sus ojos fueron abiertos, pero no para ser como Dios sino para tener que vivir en cuerpo y alma sin el Espíritu de Dios. Empezaron a experimentar la diferencia entre vivir en el bien y morir por el mal.

Lo que le dijo Satanás (vestido de serpiente) a Eva, era una verdad a medias, es decir, una gran mentira. En vez de: *"ser como*

Dios sabiendo el bien y el mal" –por causa de su sed de poder e independencia-, perdieron la relación con Dios y se sumieron, no en el bien sino en el mal.

A su vez, el Diablo también había elaborado un plan que principalmente consiste en destruir todo lo que Dios hace. Él logra este cometido por medio de su anti-diseño, el cual es totalmente contrario al de Dios. Empieza rompiendo nuestra relación con el Creador para que la adoración diseñada para el Padre Celestial, se le ofrezca a él: el ángel caído, orgulloso e hijo de la perdición. Lo que más anhela Lucifer es que se le adore y esto lo hacemos cuando le desobedecemos a Dios. Hasta el día de hoy, Satanás ejerce influencia sobre los hombres, presentándoles alternativas falsificadas de todo don perfecto que Dios ha desarrollado para los hijos de su Creación. El problema es que como muchos no Creen en él, caen fácilmente en esas artimañas, tal y como él quiere.

En caso tal de que optemos por participar del mal, le estamos dando lugar a los espíritus de tinieblas: el Diablo y sus secua-ces –quienes vienen para robar, matar y destruir. Es decir, robar las bendiciones de Dios Padre que representan la paz y la justicia, el sentido de vida abundante, la prosperidad y la unidad familiar, así como todo lo bueno que Dios dispuso para cada uno.

El Diablo quiere a toda costa matar nuestras ilusiones y dejarnos sin propósito o sentido de vida. Por esta razón y con ese fin, nos conduce a que por falta de voluntad propia, hagamos cosas que van en detrimento de nuestro bienestar y de los que nos rodean. Su mejor y más poderosa arma: *¡Que pensemos que el diablo no existe*!

Efesios 6:12
Nueva Versión Internacional (NVI)

*"Porque nuestra lucha no es contra seres humanos,
sino contra poderes, contra autoridades,
contra potestades que dominan este mundo de tinieblas,
contra fuerzas espirituales malignas
en las regiones celestiales"*.

La Palabra de Dios nos enseña que nuestra lucha no es contra nuestros semejantes: esposos, hijos, hermanos, padres o amigos. La lucha es espiritual e involucra los espíritus que se mueven dentro y alrededor nuestro. Somos seres espirituales –para bien o para mal-. La lucha es contra todo lo que opera dentro de cada uno de nosotros y tiene que ver con lo que el enemigo de nuestra vida nos incita a hacer, porque tiene agenda propia. A no ser, claro está, que en el ejercicio del Libre Albedrío escojamos no ser partícipes del mal sino del bien y obrar conforme a lo que el Espíritu de Dios nos guía a hacer –lo cual está todo escrito en Su palabra-, no conforme a nuestra propia opinión.

Génesis 5:3
Reina-Valera 1995 (RVR1995)

*"Vivió Adán ciento treinta años,
y engendró un hijo a su semejanza,
conforme a su imagen,
y le puso por nombre Set".*

El Enigma del Hombre Creado

El Padre creó, respiró Aliento de Vida y le impartió Su misma naturaleza al hombre. Lo hizo un hombre santo (inocente de todo mal), Justo (perfecto en justicia) y con Libre Albedrío. Sabemos que cuando desobedeció, por él entró el pecado y como con-secuencia, la muerte natural y espiritual, que destituidos del Paraíso se le ordenó trabajar la tierra, vivir de manera natural no sobre-natural y de todas maneras fructificar, sojuzgar la tierra y multiplicarse.

Bajo esa nueva dirección y sin otra alternativa, ellos rehicieron sus vidas con sus dos hijos, Caín Y Abel –quienes no sabemos si nacieron dentro o fuera del Jardín-. Al pasar el tiempo, ellos tuvieron a Set, su tercer hijo, quien fue engendrado <u>a semejanza de Adán</u> –con una naturaleza pecaminosa-. A partir de este acto, toda la humanidad caminaría sobre la tierra con una Naturaleza diferente a la que el Padre Celestial impartió en el Diseño Original –Su naturaleza santa.

En un amplio sentido es importante tener la claridad de que la imagen de Dios aún está presente en todos los hombres. Mantenemos la capacidad intelectual y creativa, la facultad natural para los afectos, la conciencia y la ley moral escrita en nuestros corazones lo cual nos da convicción del bien y del mal. El derecho a decidir lo conservamos, lo cual nos separa del resto de los seres creados (los animales). Lo que es necesario recuperar es la semejanza al Padre, porque la perdimos. A pesar de este acto de amor y misericordia de parte del Padre, debido a la caída, hubo cambios en nuestra imagen y semejanza muy perjudiciales:

✓ El hombre se corrompió desde lo más profundo.

✓ La Santidad y la Justicia que nos fue otorgada en la Creación, ya no está presente de forma natural.

✓ Su esencia de amar de manera incondicional a todos los hombres, sin excepción.

Sin embargo, al que "cree en aquel que justifica al impío, su fe le es contada por justicia". Definitivamente no nos dejó el Padre sin esperanza, aunque sí necesitando ser perdonados y redimidos. ¿Por qué?

Efesios 4:22-24
(RVR1995)

*"En cuanto a la pasada manera de vivir,
despojaos del viejo hombre,
que está corrompido por los deseos engañosos,
renovaos en el espíritu de vuestra mente,
y vestíos del nuevo hombre,
creado según Dios en la justicia y santidad de la verdad".*

Porque solamente después de que reconocemos que necesitamos a nuestro Creador y voluntariamente retornamos a buscarlo, es que podremos lograr cambios. Lograr cambios significa dejar atrás al viejo hombre, con el fin de recuperar la imagen del que nos creó; hasta obtener el conocimiento pleno, donde Cristo es el Todo en Todo.

Podemos concluir que la causa de la naturaleza pecaminosa no es atribuible exclusivamente a que se perdió la Imagen de Dios. Adicionalmente, después de ser expulsado, el hombre se contaminó durante su tránsito por el mundo con las acciones y actitudes que su conciencia cauterizada lo llevó a hacer. Con todo esto, se perdió su Naturaleza Espiritual, la Naturaleza Sobrenatural, la Comunión con el Padre Celestial y cayó en un proceso de decadencia continua. Después de ser destituido de la Gloria de Dios se convierte en un ser almático (natural, emocional, voluntarioso), que cuando se reproduce, lo hace conforme la imagen que es y conoce.

El Hombre necesitando de Dios

De la misma manera como el Espíritu de Dios nos rodea y habita dentro de los que lo invitan y le dan derecho legal de permanecer en ellos, así mismo Satanás y sus huestes espirituales rodean y habitan dentro de los que lo invitan y le dan derecho legal de permanecer dentro de ellos. Esto se le conoce como 'posesión'. Esto sucede aunque decidamos no creer en él, pues como mencioné anteriormente, esa es su mayor arma de guerra. Ignorarlo o desconocerlo no significa que él por su parte no ande con toda libertad haciendo de las suyas; a sus anchas ejecutando sus planes con el objetivo certero de robarles a los hombres el Diseño de Dios para suplantarlo con su anti-diseño destructor. Claro está que ni Dios ni el Diablo pueden habitar en nuestro cuerpo, es decir poseerlo, sin ser invitado –pero si pueden influenciarnos-. La invitación no siempre se extiende meramente con palabras. La invitación se hace también con hechos y se genera por medio de acciones. Por ejemplo, un alcohólico invita al demonio o espíritu de alcoholismo a habitar dentro de él por medio de borracheras continuas; uno que mira por-nografía invita al espíritu de inmoralidad sexual a habitarlo, lo con-duce a una decadencia moral difícil de romper y capaz de destruirle su matrimonio y romper toda su paz. De la misma manera, uno que busca comunión con el Padre está invitando al Espíritu Santo a mo-rar en él.

En su naturaleza caída, las facultades espirituales de la humanidad fueron gravemente troncadas y su naturaleza básica silenciada. Una vez silenciado el espíritu en el hombre, este comenzó a desarrollar su capacidad física, emocional e intelectual, lo cual no está mal, excepto que al enfocarse en ello descuidó sus facultades espirituales y estas se fueron adormeciendo. El hombre dejó de ser el ser espiritual que vive en el ámbito sobrenatural, para convertirse en un ser natural –donde predomina lo que sabe (intelecto), lo que siente (emociones) y lo que quiere hacer (voluntad). Equívocamente vive creyendo que su valor radica en lo que hace y lo que posee, no en quien es en Cristo Jesús. Es decir, carente de identidad y muy preocupado por hacer lo que sea para impresionar.

Cuando el hombre se sale de los principios que Dios establece con el fin de cuidarlo de caer en las garras del enemigo de su Vida, entra a experimentar situaciones o circunstancias que conducen al fracaso, a la angustia, a la inseguridad y así rueda en el mal hasta sumergirse en la Vergüenza Tóxica, que es a donde el enemigo quiere arrastrar a toda la humanidad, sin excepción. Nos coloca en posiciones donde no tenemos la capacidad de salir sin generar pérdidas de todo tipo tales como relaciones rotas –matrimonios destruidos, divorcios, abortos, pérdida de confianza y credibilidad, persecuciones y hasta fracasos financieros, entre muchos otros.

Hechos 13:10

"¡Oh, lleno de todo engaño y de toda maldad, hijo del diablo, enemigo de toda justicia! ¿No cesarás de trastornar los caminos rectos del Señor?".

A continuación los invito a la lectura del interesante y descriptivo poema: *Mi nombre es vergüenza tóxica*, escrito por EL Reverendo Leo Booth, ministro teólogo y Dr. John Bradshaw, PhD., autor, teólogo y consejero de familia. En este poema los autores describen la manera como Satanás destruye mientras los hombres, como dormidos, se entretienen por la vida, permitiendo que los arrase pensando que no existe.

Mi Nombre es Vergüenza Tóxica

Yo estaba presente cuando lo concibieron
En la cumbre de la vergüenza de su madre
Usted me sintió en el líquido del vientre de su madre
Entré en usted antes de que pudiera hablar
Antes de que pudiera entender
Antes de que tuviera algún conocimiento.

Entré en usted cuando empezaba a caminar
Cuando se encontraba expuesto y sin protección
Cuando era vulnerable y necesitado
Antes de que conociera sus límites.
MI NOMBRE ES VERGÜENZA TÓXICA

Entré en usted cuando se sentía mágico
Antes de que pudiera saber que yo existía
Le rompí el alma
Le perforé lo más profundo
Le hice sentir imperfecto y defectuoso.

Le traje sentimientos de desconfianza, estupidez,
duda y que era feo,
Que no tenía valor, que era inferior y carente de estima.
Le hice sentir diferente
Le dije que había algo en usted que estaba mal
Yo manché su semejanza a Dios.
MI NOMBRE ES VERGÜENZA TÓXICA

Yo existía antes que la conciencia
Antes que la culpa
Antes que la moralidad.
Yo soy su voz interna que susurra palabras de condenación
Yo soy ese temblor interno que lo atraviesa sin
Ninguna preparación mental.
MI NOMBRE ES VERGÜENZA TÓXICA

Vivo en lo secreto
En los bancos de tiniebla húmedos y profundos

de depresión y desesperación.
Siempre entro por la puerta trasera para encontrarlo desculdado,
Distraído, entro sin ser invitado
Soy el primero en llegar
Estaba desde el principio de los tiempos
Con Papá Adán y con Mamá Eva
Con el Hermano Caín
Yo estaba en la Torre de Babel para asesinar a los inocentes.
MI NOMBRE ES VERGÜENZA TÓXICA

Mi procedencia es de protectores y padres "sin vergüenza",
Que abandonan, ridiculizan, que abusan,
Por su negligencia –y sistemas de perfeccionismo.

Yo soy fortalecido por la aterradora intensidad
de la ira de un padre
Las crueldades de hermanos
La sarcástica humillación de otros niños
El reflejo vergonzoso en los espejos
El toque que se siente feo y aterrorizante
Por la palmada, el pellizco, el empujón que rompe la confianza
Me intensifico con el racismo y la cultura sexista y discriminatoria
Por la condenación injusta de los religiosos legalistas e
intolerantes
Por los temores y las presiones de la escuela
La hipocresía de los políticos
La vergüenza multi-generacional y
Los sistemas familiares disfuncionales
MI NOMBRE ES VERGÜENZA TÓXICA

Yo puedo transformar a una mujer, a un judío, a un negro,
a un homosexual, a un oriental, a un niño precioso
En Una prostituta, un negociante barato, un ladrón, un pervertido,
un chino despreciable y en un bastardo egoísta.

El dolor que produzco es crónico
Es un dolor que nunca desaparece
Yo soy un cazador que persigue de día y de noche
Todos los días y en todas partes
Yo no tengo ni conozco límites
Usted intenta esconderse pero no puede
Porque vivo dentro de usted
Le hago sentir sin esperanza
Y sin salida
MI NOMBRE ES VERGÜENZA TÓXICA

Mi dolor es tan intenso e insoportable
que lo obliga a transferirlo a otros
Y lo hace por medio del control, el perfeccionismo, la crítica,
el desprecio, la culpa, la envidia, el juicio, el poder,
el abuso y la violencia.
Mi dolor es tan intenso que
le obliga a anestesiarse con adicciones, roles rígidos,
repetición y mecanismos de defensa inconscientes.
Mi dolor es tan intenso
que debe adormecerse para no sentirme.
Yo le convencí de que no existo —que me he ido-
Por eso experimenta ausencia y vacíos
MI NOMBRE ES VUERGÜENZA TÓXICA

Yo soy la base de la codependencia
La bancarrota espiritual
La lógica detrás de lo absurdo
La repetición compulsiva
Yo soy crimen, violencia, incesto y violación.

Yo soy ese hoyo voraz que alimenta las adicciones
Yo soy inestabilidad y lascivia
Yo soy Azuero el judío errante, el holandés que vuela,
El hombre subterráneo de Dostoievski,
El seductor de Kierkegaard, el Fausto de Goethe.

Yo enredo lo que usted es con lo que usted hace y tiene
Yo asesino su alma y usted me transmite de generación en
generación.
MI NOMBRE ES VERGÜENZA TÓXICA

John Bradshaw - *Volver a Casa*

Ahora entendemos cómo y porque la desobediencia y la rebeldía han extendido efectos espirituales y naturales tan devastadores sobre toda la humanidad, dejándola en bancarrota espiritual y necesitando ser castigados primero y redimidos después. En este capítulo veremos qué significa el Castigo de Dios y en el quinto capítulo, cómo, por medio de Jesucristo, nos redimió.

La bancarrota espiritual trajo muchas ramificaciones y consecuencias que aún pervierten el alma de toda la humanidad, hasta el día de hoy. Después de sufrir el cambio radical que les sobrevino, sus vidas se tornaron difíciles. El hombre no es un ser material (de carne y huesos) en un viaje espiritual; sino al contrario, es un ser espiritual en un viaje material o físico y sobre todo, temporal.

Romanos 5:17-18
Reina-Valera 1960

*"Pues si por la transgresión de un solo hombre reinó la muerte,
mucho más reinarán en vida por uno solo,
Jesucristo,
los que reciben en abundancia de la gracia
y el don de la justicia.
Así que, como por la transgresión de uno
vino la condenación a todos los hombres,
de la misma manera por la justicia de uno
vino a todos los hombres la justificación de vida.
Porque así como por la desobediencia de un hombre
los muchos fueron constituidos pecadores,
así también por la obediencia de uno,
los muchos serán constituidos justos".*

Existe tanto dolor en la humanidad y la sociedad se sume cada día más y más en la decadencia moral, debido a que en Adán y Eva, todos los Hombres:

1. Por causa del pecado, conocieron que estaban desnudos. *Perdieron su inocencia y tuvieron vergüenza* –un tóxico que consume. La desnudez del alma y el espíritu no es otra cosa que encontrarse sin identidad, vacío y sin la presencia de Dios.

2. Escucharon la majestuosa Voz de Dios y avergonzados y llenos de temor, d*ecidieron esconderse y no escucharlo –se alejaron del único que realmente los podía ayudar-*. Acción que generó en ellos el sentido de independencia lo cual impidió que continuaran conociendo la voluntad de Dios, por lo tanto cada uno actúa como mejor le parece.

3. *Cuando Dios los llamó no enfrentaron su acto de desobediencia* –Se echaron la culpa uno al otro, proyectaron su responsabilidad, lo cual no les permitió llegar al arrepentimiento. Nunca para el hombre será fácil reconocer que es <u>él</u> y no otro, quien necesita arrepentirse de su pecado –y su necesi-

dad de hacer cambios-. Esto le causa la Vergüenza Tóxica que lo invade y de la que necesita liberarse.

4. Se perdió la Imagen y Semejanza de Dios y se adquirió la de Adán –pecaminosa y débil, mientras que el Espíritu de Dios se quedó dormido y necesita ser avivado.

Salmo 51:17
Reina-Valera 1060

"Los sacrificios de Dios son el espíritu quebrantado;
al corazón contrito y humillado
no despreciarás tú, oh Dios".

El temor que el varón y la hembra sintieron no era de ninguna manera el Santo Temor de Dios, el cual es reverente y generado no por el miedo, sino por el amor y el deseo de no herir el Corazón del Padre que tanto nos ama y a quien le profesamos fidelidad. Ese temor es muy diferente al que ellos sintieron.

El Hombre Redimido Cambia

Los límites que Dios impuso sobre Adán y Eva en el Edén no eran un capricho. El propósito era desarrollar en ellos el buen uso de su Libre Albedrio, enseñarles el valor de la sujeción a la autoridad, a desarrollar y mantener el carácter necesario para cumplir cabalmente con la asignación que tenían –¿no es lo mismo que planteamos para nuestros hijos?

Todo lo que el Padre diseñó para esta pareja fue por causa de su gran amor y misericordia para con ellos. Era también su plan para extender esta gran bondad a todas las generaciones futuras porque así se le daba cumplimiento a su plan perfecto. Piense en esto por un instante... ¿No es eso lo mismo que nosotros como padres planteamos para nuestros hijos?

Los límites que debemos mantener en nuestras vidas no son otra cosa que cercos de protección. Los límites son vallados que nos colocan en posiciones de decidir entre hacer lo correcto o lo que no es provechoso porque va en detrimento nuestro o de otros. Dios no quiere que caminemos gobernando sobre la Tierra como dictadores desordenados y sin ley. Sin embargo, nuestro comportamiento parece indicar que nos gusta presionar los límites hasta que se corren o se quitan del medio por completo, dejándonos sin protección, sintiéndonos inseguros y totalmente a la merced del mal que constantemente acecha nuestras vidas.

Un hombre redimido cambia debido a que cuando se procura la sanidad interior y la desintoxicación de lo que hay en su interior, estos procesos se hacen más fáciles. Una serie de cambios pequeños y constantes producen una transformación en la manera de pensar; el cambio en la manera de pensar ayuda a cambiar la manera de actuar y los cambios en la manera de actuar cambian la manera de ser. El hombre arrepentido y totalmente persuadido de que Jesús es "el Camino, la Verdad y la Vida", comienza a obrar conforme al Plan de Dios establecido en Su Palabra. Sin embargo, cuando se proyecta la responsabilidad en otro, no es requerido ni importante hacer nada diferente, porque al fin y al cabo no se es culpable. Por naturaleza, el hombre resiste el cambio debido a que el proceso duele y requiere una condición libre de orgullo y rigidez, además de un corazón sensible y enseñable –dos actitudes nada fáciles de lograr-. En la Palabra de Dios este estado se conoce como un corazón contrito y humillado que Dios no desprecia.

Mas Dios muestra su amor para con nosotros, en que siendo aún pecadores, Cristo murió por todos. Así que, por la transgresión de uno vino la condenación a los hombres, de la misma manera por la justicia de uno vino a todos los hombres la justificación de vida (Romanos 5:8, 18). Es a través de Cristo Jesús, nuestro Redentor, que la imagen del Padre es restaurada. Cuando por el Libre Albedrío que nos ha sido dado, voluntariamente tomamos la decisión de aceptarlo como nuestro salvador y renunciamos a nuestra naturaleza pecaminosa para que Él cumpla su Propósito en nosotros. Esto lo hacemos con Fe y *"la Fe es contada por justicia"*.

Testimonio Personal
Mi segunda oportunidad con la Familia

Poco después de unirnos, la relación con mi esposo se tornó bastante difícil, complicada y tirante. No teníamos los mismos objetivos en la vida y nuestras cargas personales eran muy pesadas. Él también era divorciado, tampoco conocía de Dios y aunque los conflictos entre los dos eran generados por diferentes razones, este segundo matrimonio se convirtió casi más complicado y problematico que el primero. Antes de los cinco años estábamos listos para divorciarnos y de hecho ya nos habíamos separado.

Por segunda vez en nuestras vidas nos sentíamos sin salida. Intentábamos con todas nuestras capacidades hacer todo lo que el mundo dice que se debe para ser una persona de éxito y para que nuestra relación funcionara, pero nos hundíamos más y más en el hoyo de la desesperación. La clase de ataduras emocionales que ambos cargábamos no facilitaba ningún cambio, aunque sabíamos que lo necesitábamos de manera radical. Ambos vivíamos según los modelos que teníamos de fracasadas familias y nada nos salía bien.

Estábamos a punto de imponer nuestro segundo divorcio y una vez más perderlo todo.

Allí, sumidos en el hoyo de la desesperación, llegó nuestra salvación cuando un buen día nos predicaron la Palabra de Dios. Por Su gracia y misericordia Cristo se nos presentó para salvar y restaurarnos. El entró en nuestra vida con todo su poder y autoridad, porque desesperados y tocando fondo, lo invitamos a obrar a favor de nuestras vidas y de nuestros Destinos.

Invitarlo significa darle derecho legal de tomar un lugar en nuestros corazones desde donde se le permite entrar para cambiar todas las cosas que no están bien y destruyen el perfecto Diseño de Dios.

Ambos estábamos para entonces decididos a darle la oportunidad de ser el Señor de nuestras vidas y el centro de nuestra familia. Le permitimos a Jesús ser el Restaurador de nuestro matrimonio y de interferir sobre todas nuestras decisiones. Inmediatamente después de entregarle a Dios nuestros caminos, nuestro Andar con Cristo comenzó y de día en día vemos su obra perfeccionarse. Conociendo del Señor y de Sus planes con nosotros, como solo nos habíamos casado por lo civil, decidimos hacerlo también por la Iglesia y buscar así Su bendición, como Él manda.

Hoy podemos decir que Jesús *es mi (nuestra) luz y mi (nuestra) salvación* (Salmos 27:1). Luz, porque caminábamos en tinieblas cuando estábamos perdidos; ahora Él es la luz que alumbra nuestro camino. Salvación, porque nos libró de la muerte (espiritual) y nacimos a una nueva vida, eterna y duradera tanto aquí en la Tierra como en el Cielo. Jesús cambió la página donde escribíamos y en una nueva hoja, de un Nuevo Libro, escribió nuestros nombres. Ese es el Libro de la Vida. Jesús dice: "Te lavé con agua y lavé tus sangres de encima de ti, y te ungí con aceite, y te vestí con bordado, te calcé de tejón, te ceñí de lino y te cubrí de seda". (Ezequiel 16:9-10). Esto tipifica cómo el Padre quita de nosotros el dolor y nos reviste de su amor y justicia. Nos vistió de lino fino y resplandeciente –Su Santidad-. Jesús, por su Gracia, nos perdonó y con su amor nos liberó de la muerte (espiritual).

Tanto mi esposo como yo, le entregamos nuestra vida en un momento en que nuestro mundo se oscurecía y no teníamos a dónde ir. Hoy, veinte años después, le damos toda la Gloria a Jesucristo y nuestro más sincero agradecimiento por cambiar nuestro lamento en baile y vestirnos de alegría. Le honramos porque ha sido Fiel en su Palabra para Cumplir su Promesa de hacer de cada uno de nosotros, una Nueva Criatura. Necesitábamos desesperadamente un cambio y Jesús, como Señor y Salvador, nos Rescató.

Nos cubre con su misericordia y bondad cuando completamente confiamos en él y reconocemos, sin dudar, que Él es nuestro Refugio; nuestra Fortaleza; nuestro Protector. Él cumple sin fallar o desmayar todas sus promesas. Cuando por completo creemos y ponemos nuestra fe y esperanza en el Señor, no importa qué esté sucediendo a nuestro alrededor, sea ansiedad, temor, preocupación, duda o divorcio, todo se tiene que disipar porque Dios es mayor que cualquier circunstancia adversa. Cuando el Señor nos cuida, de verdad estamos protegidos. Tal y como el Señor se llevó mi dolor y el de mi esposo y restauró nuestro matrimonio, también lo hará en Usted si le da la oportunidad de moverse para sanar su enfermedad, su matrimonio, su relación con sus hijos o padres, su corazón y sus emociones, y también para cumplir su Propósito Divino.

Filipenses 4:6-8

"Por nada estéis afanosos, sino sean conocidas
vuestras peticiones delante de Dios
en toda oración y ruego, con acción de gracias.
Y la paz de Dios, que sobrepasa todo entendimiento,
guardará vuestros corazones

Sé bien que en todas las familias existen disfunciones y que nadie puede clamar que todo fue perfecto en su hogar. En mi familia de origen, como en muchas otras, experimentamos cierto nivel de disfunción con todos sus elementos. Así cada uno de los hijos fue expuesto a una tremenda cantidad de dolor, desesperación y tristeza, la cual se manifestó en forma de ira, mal humor, agresividad, falta de paciencia, negando a Dios, desarrollando independencia y una tremenda capacidad para buscar logros.

Un "refrán" español dice que todos tenemos un poco de músico, poeta y "loco". Pienso que lo de músico y poeta lo recibimos como don de Dios, pero lo de loco o confuso lo recibimos como legado familiar, en nuestro caminar por la vida. Claro está que esta locura que todos experimentamos, se manifiesta en mayor o menor grado dependiendo de qué tan marcadas son las disfunciones familiares. Además, la mayor parte de nuestras locuras o confusiones nos permiten funcionar civilmente y ser parte de una sociedad en la que se asimilan estas falencias. Esto sucede porque somos, en gran medida, el producto de nuestras experiencias, en especial las de nuestra temprana edad –en las familias de origen-. Esas experiencias de la infancia y tempranos años nos marcan para siempre y aunque es posible sanar esas heridas, hay que reconocerlas y trabajarlas. Lo que no es cierto, es que el tiempo lo borra todo. Lo que experimenté de primera mano, es que Dios lo restaura y lo sana todo cuando se lo permitimos. Este es mi testimonio de vida.

Un tiempo después de mi conversión al Señor tuve un sueño que voy a compartir, porque Dios nos habla por este medio muchas veces: Yo estaba conversando con Abba (palabra hebrea que significa papito) y en mi mano había una base de cristal rosada, muy fina y hermosa. Este cristal estaba rebosante de aceite (representa unción), pero roto en la parte superior. El Señor me decía que ese cristal era yo. Le respondí que estaba muy lindo pero roto e inservible. A esto, Él me respondió en un tono muy dulce y lleno de amor, *"Lo vamos a reparar."* Así llegamos casi todos a los pies de Cristo, quebrantados y necesitando ser restaurados. En esa condición no podemos ver la cantidad de dones y talentos que nos ha dado para cumplir nuestro propósito, y poder desarrollar el potencial que Él puso en cada uno de nosotros –mucho menos usarlos para nuestro bien o para influenciar a otros de maneras positivas.

Ahora le sirvo, lo reconozco como Mi Señor y he sido libre de esa opresión y de tan infructuosa búsqueda de lo perecedero. El Señor, sin tanta lucha, fielmente me ha prosperado –no me falta nada en la vida. Al fin he entendido que por mucho dinero que posea, el día de mi partida hacia la eternidad es precisamente eso lo primero que se queda. Mi Dios Eterno no me va a preguntar por el dinero que produje, sino por el legado que dejo aquí en la Tierra como fruto de haber cumplido con mi *asignación* –mi *propósito*.

Capítulo 5

El Plan de Redención del Padre Celestial

Por Su misericordia y en medio de la crisis relacional que se desató entre Adán y Eva después de haber sido expulsados del Paraíso, intervino Dios para traerles la esperanza que marcaría el futuro restaurado de la humanidad. Empezó por vestirlos para que no tuvieran vergüenza ya que los delantales que ellos mismos se habían hecho no eran suficientes. Los delantales de hojas no eran otra cosa que su propio intento de tener una cobertura hecha a la manera de ellos. Sin embargo, Abba Padre manifestó su buena voluntad y amor vistiéndolos con túnicas de pieles de animal, para lo cual tuvo que sacrificar y derramar la sangre de algunos animales. El de-rramamiento de la sangre de un animal evidencia que el plan de redención para la humanidad ya estaba Diseñado en Su corazón y es sombra y señal de lo que estaba por venir, excepto, claro está, que para *redimir a la humanidad de los pecados y restaurar la relación con el Padre Celestial*, el sacrificio de sangre tenía que ser mucho mayor.

Cuando la humanidad rechaza ser gobernada por el Creador, se coloca en la posición de ser un dios para sí misma. Es por esta razón que con frecuencia escuchamos decir que tal persona vive sin Dios y sin esperanza. En realidad es porque él o ella se convierten en su propio dios, haciendo lo que les parece, aunque las cosas les salgan mal y no sean la mejor opción. Estas personas utilizan los dones y talentos dados por Dios, para buscar placeres para su propio deleite. Intentan resolver, a su manera, los conflictos y problemas que su independencia les generan, porque se creen auto suficientes. No descubren ni cumplen su propósito en la Tierra y mucho menos le dan la Gloria a Dios por nada, puesto que, al fin y al cabo, fueron ellos mismos y no Dios quien creó la bendición que disfrutan. Este tipo de independencia trae como consecuencia un estado separado del Padre, durante su estadía en la Tierra, y así ese ser vivirá expulsado del Reino de Dios.

Esta es una clara verdad que necesita ser expuesta en el mundo debido a que, erróneamente, se piensa que al morir todos iremos al cielo y que todos sobre la Tierra estamos automáticamente destinados a disfrutar de la eternidad con Dios. En el sistema de creencias, equivocadamente pensamos que el Diablo y el infierno no existen. Estos son falsos conceptos que no debemos alimentar porque nos costaran la eternidad con Jesucristo, por causa de la incredulidad. Es difícil pensar que vamos a ser invitados a la Casa del Señor en el Cielo cuando, mientras estuvimos en la Tierra, rehusamos permitirle entrar en la nuestra ¿No lo cree usted? El infierno es un lugar de tormento, es real y es eterno.

Marcos 9:47-48
(NVI)

"Y, si tu ojo te hace pecar, sácatelo.
Más te vale entrar tuerto en el reino de Dios,
que ser arrojado con los dos ojos al infierno,
donde su gusano no muere, y el fuego no se apaga".

Mateo 10:28
(NVI)

Jesucristo, nuestro Señor, fue concebido por obra y gracia del Espíritu Santo, nació de la Virgen María con el propósito de morir por los hombres para redimirlos de su pecado y restaurar la relación con el Padre Celestial. Su ministerio empezó a la edad de treinta años y duró tres años y medio, durante los cuales Él predicó y enseñó La Palabra, sanó a los enfermos, liberó a muchos que estaban endemoniados y proclamó el Reino de Dios. Su presencia física en la Tierra dividió la historia de la humanidad en el antes y un después, que todos conocemos (AC y DC).

A los treinta y tres años, voluntariamente cargó sobre sus lomos todos los pecados, de todos los hombres, sobre toda la Tierra – pasados, presentes y futuros-. Todo con el propósito de vestir a la humanidad de *SALVACIÓN*. Con Su muerte física y Resurrección al tercer día, Jesucristo venció la muerte y nos dio vida eterna junto a Él. Todo lo que Él hizo estaba profetizado en las Escrituras. Jesús no murió sin que todas las profecías escritas acerca de Él fuesen cumplidas, demostrando así que no estaba improvisando sino ejecutando lo que Dios Padre estableció para bendecir a los hombres por medio de Él.

Juan 3:16
(RVR1995)

*"De tal manera amó Dios al mundo,
que ha dado a su Hijo unigénito,
para que todo aquel que en él cree
no se pierda, sino que tenga vida eterna".*

Tanto amó Dios Padre a la humanidad, que predeterminó que lo mejor que Él tenía, su único hijo, sufriera y muriera por todos los hombres. No lo envió para juzgar ni condenar, sino para ofrecernos Salvación y Redención. Aunque el Hijo de Dios nunca pecó, se hizo pecado para que fuésemos justificados por el poder de su Sacrificio de Sangre y volviéramos a tener acceso al Padre de los Cielos. Asumió la responsabilidad y el castigo por toda la humanidad que sí lo hizo. El Hijo de Dios tenía que experimentar quebranto, rechazo, opresión, dolor y sufrir toda una tortura sistemática diseñada para destruirlo y desarraigarlo de toda existencia natural y espiritual. Todo para que nosotros pudiéramos ser perfeccionados por medio de las aflicciones que Él sufrió en nuestro lugar.

Jesús tuvo que ser rechazado y separado del Amor y la protección del Creador cuando la ira del Padre lo cubrió. Fue azotado treinta y nueve veces para que por sus llagas nosotros fuésemos curados; se hizo pobre para que fuésemos ricos y bendecidos. Lo despojaron de sus vestiduras hasta que quedó medio desnudo; sus brazos y sus piernas fueron extendidas y con cuatro largos clavos lo clavaron al madero; sufrió deshidratación y pérdida masiva de sangre; experimentó obstrucción circulatoria y respiratoria por causa de la posición en que lo colocaron. Su rostro fue desfigurado por causa de los múltiples golpes que le propiciaron; Sus Sienes y Su Frente fueron laceradas con la Corona de Espinas que le colocaron sobre la cabeza; le arrancaron la barba y le pusieron vinagre en sus labios, en vez de agua, cuando dijo que tenía sed. Los hombres se burlaban de Él porque no se bajaba de la cruz después de haber declarado que era el Hijo de Dios. Lo abandonaron hasta los suyos, que tanto amor le profesaron, como estaba escrito.

Sin embargo, Él no se quejó porque entendía que estaba en esa condición, cumpliendo el propósito del Padre en la Tierra, donde experimentó tentación y tuvo que rendir Su voluntad al Padre, hasta que cumplió Su Propósito por completo.

Su dolorosa Muerte Espiritual consistió en sufrir la separación entre Él y el Padre Celestial cuando fue al hoyo profundo del infierno. En las prisiones del infierno declaró su victoria sobre la muerte y el pecado; humilló a Satanás y le quitó las llaves de autoridad que Adán le había entregado. Allí en la cruz, Jesús derrotó de manera total, irrevocable y eterna al enemigo de nuestras Vidas. Con su muerte, y por medio de la sangre que derramó, Cristo concedió a los hombres la victoria de redención de una vez por todas y allí la pagó en su totalidad por todos nuestros pecados, enfermedades, maldiciones y dolencias.

Es por esta razón que no buscamos Salvación por medio de obras. No hay nada que el hombre pueda hacer que sea superior al sacrificio en la cruz. Cristo lo hizo todo tan perfecto que el precio de nuestra vida eterna ya se pagó por completo. ¡La Gracia de Dios, es un favor no merecido, un regalo del Padre por amor a los hombres, si tan solo lo puedes creer! En lo natural nadie rechaza un regalo que otro le hace, porque entiende que es una expresión de amor y una afirmación de la relación que se sostiene con esa persona. No intenta pagar el regalo, sino que lo recibe y lo agradece. Sin embargo, nos cuesta muchísimo creer, aceptar o recibir esta Gracia del Padre.

Lo que no entendieron los que crucificaron al Mesías, Salvador del mundo, es que no subió forzado a la cruz como una víctima, sino que para esto nació y para este momento vivió. En esa época, la muerte por crucifixión estaba reservada para los peores criminales, asesinos y traidores del imperio romano, además de ser la forma más humillante de morir. Sin embargo, Jesús lo aceptó por obediencia al Padre. Él sabía el gran dolor que lo esperaba y se sometió en obediencia. Jesús tenía clara la victoria que su muerte propiciaba, no solamente a favor de toda la humanidad, sino que comprendía que Él mismo se convertía en el puente que restauraba el acceso directo del hombre hacia el Padre Celestial.

Cuando Jesús murió, la cortina ancha y pesada que separaba el Lugar Santo del Lugar Santísimo del Templo, se rasgó de arriba hacia abajo, significando que el sacrificio presentado para la expiación de todos los hombres había sido suficiente y, por lo tanto, la separación que existía entre Dios y la humanidad podía ser eliminada por el mismo Padre. Era Él mismo diciendo: "Ya los hombres no tienen que permanecer afuera; pueden entrar a mi Presencia, porque mi Hijo ha restaurado el camino".

Adicionalmente, mientras estamos en la Tierra, también podemos beneficiaros y disfrutar de Su obra completa y de todas las bendiciones que nos dio. El sacrificio de Jesús en la cruz no solo nos compró y regaló la eternidad en Su presencia, sino que también rompió con toda maldición en la Tierra. Cualquier maldición que operaba en Usted, amado lector, sea enfermedad, pobreza, adicción, depresión o cualquier otro yugo impuesto sobre su vida, ya se rompió –Cristo la anuló-. Si tan solo lo puedes creer. Su sacrificio en la Cruz rompió todas las cadenas que atan al pecado innato en la naturaleza humana; lo que es causa y consecuencia de la naturaleza caída del hombre sin Dios.

El Apóstol Pablo, en el libro de Romanos 12:2 dice: *"no os conforméis a este siglo, sino transformaos por medio de la renovación de vuestro entendimiento, para que comprobéis cual sea la buena voluntad de Dios, agradable y perfecta"*. Es decir, nos instruye a no acomodarnos al sistema del mundo, sino a renovar el entendimiento a la luz de Su Palabra, la cual manifiesta Su buena voluntad y nos invita a acercarnos para conocer más al Padre Eterno.

Romanos 10:8-10
(RVR1995)

*"Cerca de ti está la palabra, en tu boca y en tu corazón.
Esta es la palabra de fe que predicamos,
que si confesares con tu boca que Jesús es el Señor,
y creyeres en tu corazón que Dios le levantó de los muertos,
serás salvo. Porque con el corazón se cree para justicia,
pero con la boca se confiesa para salvación".*

¿Cómo comienza la Vida Cristiana?

La vida cristiana comienza con la *confesión de Fe*. Es decir, una declaración hecha con Fe por medio de la cual se invita a Jesucristo a ser el Señor y Salvador de nuestra vida. Las palabras que profesamos, las declaraciones de la boca tienen mucho poder. En el ámbito espiritual esta confesión produce una poderosa transformación que se conoce como: "Nacer de nuevo".

En el campo natural pareciera que quien hace tal declaración sigue siendo el mismo, pero no es así. Quien confiesa a Jesús como Señor y Salvador es transformado por completo. Para empezar, esa persona pasa de ser una criatura –creada por Dios-, a ser llamado un Hijo de Dios – ¡gran diferencia!

Juan 1:12
(RVR1995)

*"Pero a todos los que lo recibieron,
a los que creen en su nombre,
les dio potestad de ser hechos hijos de Dios"*.

Cuando lo entendemos, no se puede tomar livianamente la cantidad de Sucesos Espirituales que toman lugar en la vida de una nueva criatura o un nacido de nuevo. Cuánto hubiera querido que alguien me enseñara estos milagros cuando era joven, cuando no aceptaba a Jesús como Mi Señor. Por no aceptarlo, muchos años perecía por falta de conocimiento acerca de la voluntad de Dios para mi vida.

Uno de los versículos de la Biblia más conocidos está en el libro de Hebreos, capítulo 11:1 *"Es, pues, la fe la certeza de lo que se espera, la convicción de lo que no se ve"*. La Fe es la certeza de lo que no podemos ver, pero que sabemos con toda claridad que es real y que sin duda existe. Nuestra confesión o profesión de Fe concede la entrada al Reino de la Luz. Por su fe en Cristo, el hombre puede tomar la decisión de separarse del pecado y mantener una vida de comunión e Intimidad con Él. ¿Porque?

Por un instante y para dar mayor claridad a este tema, volvamos al principio: Antes de la Creación, Dios Padre existía junto con el Hijo y con el Espíritu Santo. Es por esta razón que en el sexto día de la Creación, cuando creó al hombre, Él dice en Génesis 1:26

> *"Hagamos al hombre a nuestra imagen,*
> *conforme a nuestra semejanza"*.

Adicionalmente, cuando en Génesis 1:2 dice que: *"El Espíritu de Dios se movía sobre las aguas"*, está refiriéndose al Espíritu Santo, la Tercera Persona de la Trinidad).

Posteriormente en el Libro de Juan 1:1 vemos que:

> *"(1) En el principio era el Verbo, y el Verbo estaba con Dios,
> y el Verbo era Dios.*
> *(2) Éste estaba en el principio junto a Dios.*
>
> *(3) Todas las cosas por medio de Él fueron hechas, y sin él nada
> de lo que ha sido hecho, fue hecho.*
>
> *(4) En Él estaba la vida, y la vida era la luz de los hombres".
> (Jesús).*

El tema de la doctrina de la Trinidad es uno de los misterios de la Cristiandad y la creemos por Fe. Significa que hay un solo Dios que existe como tres personas distintas –El Padre, El Hijo, El Espíritu Santo-. La esencia de Dios es una en tres personas distintas, cada una con una función diferente, todos operando con y para el Hombre. Las Escrituras hablan de:

- El Padre como Dios en Filipenses 1:2: *"Gracia y paz a vosotros, de Dios nuestro Padre y del Señor Jesucristo"*.

- Jesucristo como Dios en Tito 2:13: *"Aguardando la esperanza bienaventurada y la manifestación gloriosa de nuestro gran Dios y Salvador Jesucristo"*.

- El Espíritu Santo como Dios en Hechos 5:3-4, *"Y dijo Pedro: Ananías, ¿por qué llenó Satanás tu corazón para que mintieses al Espíritu Santo, y sustrajeses del precio de la heredad? Reteniéndola, ¿no se te quedaba a ti? Y vendida, ¿no estaba en tu poder? ¿Por qué pusiste esto en tu corazón? No has mentido a los hombres, sino a Dios"*.

Ya sabemos que Dios Padre está en los Cielos y *nos dio a su hijo*, Jesucristo. Nos regaló su salvación por gracia y ahora se encuentra sentado a la diestra del Padre. Cuando Jesucristo subió a los cielos para sentarse a la diestra del padre, también Él nos dio un poderoso regalo el día de Pentecostés: *El Espíritu Santo.*

El Espíritu Santo habita en el corazón de los hijos de Dios en la Tierra.

Juan 14:26
(RVR1960)

*"Mas el Consolador, el Espíritu Santo,
a quien el Padre enviará en mi nombre,
él os enseñará todas las cosas,
y os recordará todo lo que yo os he dicho"*.

Como creyentes, tanto los hombres como las mujeres hemos sido llenos del Espíritu Santo, quien vino a morar dentro de nosotros. Desde nuestro interior anhelamos vivir en continua Intimidad con el Padre, el Hijo y el Espíritu Santo. Su reino fluye para bendecir a otros y manifestar la Gloria de Dios sobre todos.

Veamos lo que dice el Apóstol Guillermo Maldonado, una autoridad versada en el Evangelio de Cristo, y mi Padre Espiritual por muchos años. Él ha escrito numerosos libros acerca del Reino de Dios, entre ellos varios *bestsellers*. En su libro *El Reino de Poder* cita los siguientes versículos bíblicos:

- "El Reino de Dios es un reino de poder y no solo de palabras" *(1Corintios 4:20)*
- "Es sobrenatural" *(Juan 18:36)*
- "Es inconmovible" *(Hebreos12:28)*
- "Arrepentíos porque el reino de los cielos se ha acercado" *(Mateo 4:17)*
  (G. Maldonado, p.18-21).

En el libro *La Gloria de Dios* dice:

*"La Gloria de Dios es la esencia de todo lo que Dios es.
Cuando entramos en la Gloria de Dios, habitamos
en su presencia, recibimos su amor y gracia,
entendemos su corazón, conocemos su voluntad
y experimentamos su poder divino".*
El ya fallecido Dr. Myles Monroe, en su libro *Redescubriendo El Reino,* dice:

1. *"La simple estrategia de Dios para extender y establecer Su Reino sobre esta tierra, es la de gobernar este mundo visible del hombre desde un reino invisible del Espíritu.*

2. *El plan significa que el hombre sería Su representante visible, creado específicamente para vivir en el reino natural con el fin de representarlo...*

3. *El propósito e intención original de Dios era el de gobernar aquello que se ve, viendo en lo que no se ve (el espíritu de Dios en el hombre, en lo que se ve (el espíritu del hombre y el cuerpo físico) sobre la escena en la tierra.*

(Monroe p. 39).

¿Qué otra cosa podemos decir acerca de El Reino de Dios? La respuesta la voy a extraer del mismo libro del Apóstol Maldonado:

"El Reino de Dios es su gobierno soberano en la tierra; es el ámbito y cimiente de poder de Dios en la tierra; es su dominio o señorío, en el cual Él establece su voluntad en las vidas de su pueblo, aquí y ahora, por medio de la obra redentora de su Hijo, Jesucristo. Dios gobierna sobre territorios, entidades, y seres humanos. Él gobierna sobre la enfermedad, la pobreza y la opresión. Él es soberano sobre el enemigo espiritual, Satanás o el diablo, quien busca expandir su propio reino de oscuridad en el mundo, para oponerse al Reino de la Luz de Dios".

(Maldonado p.15, 2013).

A título espiritual, entre el Cielo y la Tierra existen únicamente dos Reinos, estos son:

- El Reino de Dios –o Reino de la Luz
- El Reino de Satanás –o Reino de Tinieblas

La Biblia en ningún parte menciona un lugar intermedio a donde una persona pueda ir por una temporada cuando muere. El ser humano o habita en el ámbito de los vivientes, la Tierra, o en la eternidad, que es el lugar a donde uno va cuando se muere. Cuando una persona concluye su tiempo en la Tierra, pasa a un estado eterno donde solo existen dos alternativas:

1. Va al cielo con Su Creador y Padre Celestial, o

2. Va al infierno donde el fuego quema pero no consume

Isaías 66:24

*"Y verán los cadáveres de hombres
que se rebelaron contra mí;
porque su gusano nunca morirá,
ni su fuego se apaga"*.

Cuando se llega a alguno de estos dos lugares, allí permaneceremos por un tiempo sin fin, irremediablemente y sin posibilidad de retorno. Las oportunidades de salvación son dadas mientras estamos en la Tierra, pero lamentablemente no después.

Es importante ahora dar una debida y valida descripción del segundo y opuesto ámbito en el que el hombre puede escoger vivir cuando su eternidad no es con Cristo. Se le conoce como el Reino de las Tinieblas ya mencionado anteriormente. Es el ámbito en el que los seres humanos doblan sus rodillas a algo o a alguien diferente a Jesús. Ya sea una falsa deidad como Asera, Buda, el materialismo, o cualquier otra cosa o persona a quien le se le rinda adoración. También incluye mantener una vida de constante y deliberado pecado, porque ese viene a ser su ídolo. El Reino de Tinieblas es el reino donde se persigue algo o a alguien que se considera más importante que Jesús. El gobernante del Reino de las Tinieblas es Satanás y, aunque esta ya vencido y derrotado, hay que reconocer que por el tiempo que le queda, tiene un reino que está organizado, que tiene un ejército grande y bien establecido y que los hombres caemos fácilmente en sus artimañas. La Biblia dice que Satán se puede manifestar como un ángel de luz, o como una entidad espi-ritual muy atractiva.

Éxodo 20: 1-6

(RVR1960)

"Y habló Dios todas estas palabras, diciendo:
Yo soy Jehová tu Dios, que te saqué de la tierra de Egipto,
de casa de servidumbre. No tendrás dioses ajenos
delante de mí. No te harás imagen, ni ninguna semejanza
de lo que esté arriba en el cielo, ni abajo en la tierra,

Como parte de mi Testimonio Personal en este libro, empecé diciendo que nací en Colombia y crecí en una familia donde se practica el Catolicismo. Entiendo claramente que es una religión Apostólica por medio de la cual se predica a Dios Padre, Dios Hijo y Espíritu Santo. Este es exactamente el mismo Dios que se predica desde la iglesia evangélica, en la Biblia y a través de este libro. Durante el tiempo que llevo escribiendo este libro, vino a mi mente una experiencia que se gravó en mi memoria y que voy a compartir porque la considero relevante e importante.

Un día después de estar asistiendo a la Iglesia Católica después de mi conversión a los cuarenta y seis años, en la radio escuché el Credo de Nicea o Apostólico. Yo lo había repetido muchas veces en las misas que asistí, a tal punto que me lo sabía de memoria. Sin embargo, ese día, cada palabra tuvo un Sentido Profundo en mi Corazón, en mi Espíritu. Entendí el Significado de cada frase con Claridad —me asombré de no haber comprendido hasta ese instante el significado del Credo, en el que Jesús, "por nuestra salvación, bajó del cielo, y por obra del Espíritu Santo se encarnó en María, la Virgen, y se hizo hombre; y por nuestra causa fue crucificado en tiempos de Poncio Pilato; padeció y fue sepultado y resucitó al tercer día, según las Escrituras, y subió al cielo, y está sentado a la derecha del Padre".

Esta es ciertamente una confesión de fe. Es por esto y para esto que en las misas se repite esta oración. De esa misma forma, una persona que cree con todo su Corazón cada palabra del Credo y lo confiesa con fe, creyendo y entendiendo lo que dice, y con un Arrepentimiento Profundo por sus pecados; es salvo y ciertamente tiene vida eterna junto al Padre, porque no se lo revela sangre ni carne sino el Espíritu de Dios que ha venido a morar en él, como el mejor regalo para todos los hombres que lo aceptan.

Sin embargo, resulta sorprendente para mí cuando, desde una posición Evangelista (bíblica), les hablo a personas de este mismo Cristo y de esta misma obra y rechazan el mensaje porque sostienen que: "no van a cambiar de religión". Mi Mensaje, plasmado a través de todas estas páginas en este libro, es este mismo. Leamos:

El Credo de Nicea o Apostólico

"*Creo en un solo Dios, Padre todopoderoso,*
creador del cielo y de la Tierra,
de todo lo visible y lo invisible.
Creo en un solo Señor, Jesucristo,
hijo único de Dios,
nacido del Padre antes de todos los siglos:
Dios de Dios, Luz de luz, Dios verdadero de Dios verdadero,
engendrado, no creado, de la misma naturaleza del Padre,
por quien todo fue hecho; que por nosotros los hombres,
y por nuestra salvación bajó del cielo,
y por obra del Espíritu Santo se encarnó en María,
la Virgen, y se hizo hombre;
y por nuestra causa fue crucificado
en tiempos de Poncio Pilato; padeció
y fue sepultado y resucitó al tercer día,
según las Escrituras, y subió al cielo,
y está sentado a la derecha del Padre;
y de nuevo vendrá con gloria
para juzgar a vivos y muertos,
y su reino no tendrá fin.
Creo en el Espíritu Santo, Señor y dador de vida,
que procede del Padre y del Hijo,
que con el Padre y el Hijo
recibe una misma adoración y gloria,
y que habló por los profetas.
Creo en la iglesia, que es una, santa y apostólica".

Romanos 10:8-10

(RVR1960)

"Cerca de ti está la palabra, en tu boca y en tu corazón.
Esta es la palabra de fe que predicamos:
que si confesares con tu boca que Jesús es el Señor,
y creyeres en tu corazón que Dios le levantó de los muertos,
serás salvo. Porque con el corazón se cree para justicia,
pero con la boca se confiesa para salvación".

El ya fallecido Evangelista Billy Graham, escribió que: "el cielo será un lugar de vida gloriosa que no tendrá fin. Gozo inimaginable, paz sin límites, amor puro, belleza indescriptible –es lo que veremos en el cielo-. Pero más grande que todo, veremos la presencia del Dios Padre, Dios Hijo, y Dios Espíritu Santo, con quien disfrutaremos comunión para siempre.

"El Cielo será un lugar donde los habitantes serán libres de temores e inseguridades que plagan la vida presente. No habrá crisis energética, seremos libres de la presión económica y financiera que tanto oprime en la Tierra. Estaremos libres de temor a los fracasos personales y disfrutaremos del orden social que tanto soñamos encontrar. No habrá noche, muerte, enfermedad, lágrimas, ignorancia, desconciertos ni tampoco guerra. El cielo estará lleno de felicidad, adoración, amor y perfección. Nuestra relación será intima y directa con el que hizo los cielos y la Tierra, nuestro Padre Celestial".

Apocalipsis 21:2-5

(RVR1960)

*"Y yo Juan vi la santa ciudad, la nueva Jerusalén,
descender del cielo, de Dios, dispuesta
como una esposa ataviada para su marido.
Y oí una gran voz del cielo que decía:
He aquí el tabernáculo de Dios con los hombres,
y él morará con ellos; y ellos serán su pueblo,
y Dios mismo estará con ellos como su Dios
Enjugará Dios toda lágrima de los ojos de ellos;
y ya no habrá muerte, ni habrá más llanto, ni clamor,
ni dolor; porque las primeras cosas pasaron.
Y el que estaba sentado en el trono dijo:
He aquí, yo hago nuevas todas las cosas.
Y me dijo: Escribe;
porque estas palabras son fieles y verdaderas".*

Testimonio Personal
El Rescate Total

Por fuerza mayor, por quebranto y por necesidad, finalmente le rendí mi vida al Señor, como ya lo he narrado en el testimonio de los capítulos anteriores. Esto significa que le di al Señor poder y autoridad para gobernar mi vida. Lo hice como un acto de humildad y fe por medio del cual, con su inmenso poder, Él podía tomar total control de mi mundo. Tanto mi esposo como yo reconocimos nuestra necesidad de un Salvador, un Sanador, un Restaurador. Ambos reconocimos que necesitábamos a uno que sanara nuestras heridas emocionales, así como nuestras relacionales interpersonales y sociales, porque el mundo, la vida y nuestras decisiones nos habían dado duro natural y espiritualmente. Nos encontrábamos en un punto de nuestras vidas en el que necesitábamos que Dios Padre levantara nuestras cabezas, sanara nuestras heridas y se acercara a nosotros con todo su amor y poder. Él acudió sin demora. Entendimos que era hora de conocerlo de cerca y permitirle obrar conforme al Diseño que había confeccionado para nosotros y ejerciera su gran poder para cumplirlo.

Decidimos remover las limitaciones que por falta de conocimiento le habíamos puesto a su Diseño, y empezamos a ver la luz de Cristo resplandecer en nuestra vida. En ese proceso, en la medida que las tinieblas que nos habían invadido se disipaban, Su Luz resplandecía para alumbrarnos el camino por el que debíamos con-tinuar. Su Palabra dice que Él es: "el camino, la verdad y la vida".

El Libro de Jeremías, 3:33 dice: *"Clama a mí y yo te responderé, y te enseñare cosas grandes y ocultas que tu no conoces"*. Así que creyendo en Él, clamamos y respondió. Nuestra vida empezó a cambiar radicalmente y sobre nosotros resplandeció Su paz.

Mi esposo, quien para ese momento había reconocido que no tenía control sobre el alcohol, clamó al Padre pidiéndole ayuda para no depender de esa sustancia nociva para la salud, y en ese instante fue sanado. Hasta el día de hoy no necesita alcohol para anestesiar su dolor, porque Dios no solamente le inhibió por completo la adicción sino que sanó su corazón de manera instantánea. Las personas que han tenido problemas de adicción a alguna sustancia tóxica o perjudicial, que no son pocas por estos días –como tampoco la gama de sustancias adictivas-, saben muy bien que este es un verdadero milagro de grandes proporciones.

Juan 15:5
Reina-Valera 1960 (RVR1960)

"Yo soy la vid, vosotros los pámpanos;
el que permanece en mí, y yo en él,
éste lleva mucho fruto; porque separados de mí
nada podéis hacer".

Ambos entendimos que habíamos estado separados del Padre por mucho tiempo y que a partir de ese momento necesitábamos depender de Él para todo. Comenzamos a dejarnos enseñar, por me-dio de Su palabra, las enseñanzas dominicales y, sobre todo, apren-dimos a escucharlo y a conocer Su corazón.

A partir de ese momento, nuestras decisiones estaban basadas en Su voluntad, la cual es buena, agradable y perfecta para todos, y está plasmada en las Escrituras. Aprendimos que Dios no necesita restarle a una persona para agregarle a otra, que Él siempre produce ganadores y que cuando se le invita, allí hay bendición. Este cambio resolvió muchos de nuestros conflictos y en nuestro hogar empezó a reinar la Paz. Unidos afrontamos la Vida conforme a esa nueva perspectiva en Cristo Jesús. Poco a poco nuestras heridas empezaron a sanar y pudimos salir del egocentrismo, producto de la inmadurez, en el que nos mantuvimos durante mucho tiempo. Buscamos entender más que ser entendidos y continuamente nos acercamos a personas que nos podían guiar en este proceso de transformación.

El Padre Celestial utilizó personas para que nos guiaran por el sendero provechoso por el cual debíamos ir. Permitimos que mentores, quienes aún permanecen presentes en nuestra vida, nos enseñaran y nos corrigieran para seguir creciendo. Han pasado veinte años y continuamos en el proceso, ahora no solamente recibiendo sino también impartiendo en otros lo que hemos aprendido, con el objetivo de que también ellos tengan la oportunidad de conocer a Jesús y gozar de la vida Abundante que nos ha prometido. Estamos restaurados y formamos parte de la obra del Ministerio de Cristo.

La hermosa, aunque rota, base de cristal, que vi en aquel sueño que ya relaté en un capítulo anterior, cuando le entregué mi vida a Cristo, ha sido reparada y ya no está quebrada ni es desechable. Hoy caminamos sumergidos en la Obra del Señor. Seguimos aprendiendo y sirviendo en la iglesia. Hemos crecido, madura-do y desde hace varios años le servimos en calidad de Pastores y Maestros de la Palabra. Sabemos que nada de lo que recibimos es porque somos buenos, sino porque grande es Su misericordia y además se renueva cada mañana. Nos presentamos delante de Él entendiendo que, "no con ejército, ni con fuerza, sino con Su Santo Espíritu" (Zacarías 4:6) con que fuimos restaurados.

Ahora, arrepentidos por nuestros pecados, por nuestra antigua manera de vivir y por nuestra independencia, nos podemos acercar confiadamente.

En respuesta, Jesucristo nos perdonó, nos regaló Su Salvación y nos Restauró. Hoy en día damos testimonio de primera mano, de que Jesucristo es un Restaurador, de que tenemos un propósito muy específico para nuestra vida y que en Él siempre tendremos la victoria sobre el mal. El Apóstol Pablo escribió en Efesios, libro del Nuevo Testamento, la esencia del proceso por la palabra:

Efesios 1:16-19

(RVR 1960)

"No ceso de dar gracias por vosotros,
haciendo memoria de vosotros en mis oraciones,
para que el Dios de nuestro Señor Jesucristo,
el Padre de gloria,
os dé espíritu de sabiduría y de revelación
en el conocimiento de él,
alumbrando los ojos de vuestro entendimiento,
para que sepáis cuál es la esperanza a que él os ha llamado,
y cuáles las riquezas de la gloria de su herencia en los santos,
y cuál la supereminente grandeza de su poder para con nosotros
los que creemos,
según la operación del poder de su fuerza".

Oración Final

"Padre Celestial,
clamo a ti para que seas tú mismo
impartiendo sobre los lectores de este libro,
Espíritu de Sabiduría y de Revelación
en su conocimiento,
alumbrando los ojos de su entendimiento,
para que sepan cuál es la Esperanza
a que los has llamado
y cuáles las Riquezas de la Gloria
de su Herencia en los Santos
y cuál la supereminente Grandeza
de su Poder para con Nosotros
los que Creemos,
según la operación
del poder de su fuerza".

Referencias Bibliográficas

Capítulo 1

1. Apóstol Dr. Maldonado, Guillermo (2012). La Gloria de Dios. Publisher: Whitaker House.

Capítulo 2

1. Apóstol Dr. Maldonado, Guillermo (2007). Necesito un Padre. Publisher: Vida.

2. Ministerios Canaan - *Los Ríos del Huerto del Edén*

Capítulo 3

1. Dr. Monroe, Myles (2001). *Entendiendo el Poder del Propósito en los Hombre.* Publisher: Whitaker House

Capítulo 4

1. Dr. Bradshaw, John (1990), *Homecoming: Reclaiming and Healing your Inner Child.* Publisher: Bantam Books.

Capítulo 5

1. Apóstol Dr. Maldonado, Guillermo (2013). *El Reino de Poder, Como Demostrarlo Aquí y Ahora.* Publisher: Whitaker House.

2. Dr. Monroe, Myles (2004) *Redescubriendo el Reino.* Publisher: Destiny Image